なぜ私は怒れないのだろう

安藤俊介　一般社団法人日本アンガーマネジメント協会代表理事

産業編集センター

目次

はじめに

あなたは「怒らない人」それとも「怒れない人」？

怒らない人、怒れない人、どちらも怒りを顕《あらわ》にしない人という意味では同じように見えます。ところがこの二人から受ける印象はだいぶ違います。

怒らない人はおおらかな人、できた人間、良さそうな人といったイメージです。一方の怒れない人は気弱で、人から何か言われても下を向いて、歯をぐっと噛みしめながら何も言い返せない人が思い浮かびます。

あなたは怒らない人でしょうか。それとも怒れない人でしょうか。おそらく本書を手にとった多くの方が怒れない人ではないでしょうか。怒れないことに悩み、どうすれば怒れるようになるか、その方法を探していることと思います。

なかには本当は怒れない人なのですが、体面を保つために怒らない人を演じている人も少なからずいるかもしれません。

いずれにしても、怒れないこと、怒りを人に伝えることができないことは、大きな問題です。怒りは人に備わっている必要な感情であり、怒りを感じることは特別変わったことではなく、自然なことだからです。その自然な感情をありのままに人に伝えることができないのですから、そのことにストレスや苦痛を感じることは当たり前のことです。

怒りは防衛感情とも呼ばれ、そもそもは自分の身を守るために備わっている感情です。怒りを感じる時、私達は自分の身に何か危険が迫っていると感じ、怒りを生み出すことによって自分を守ろうとします。

怒れない人は誰かから攻撃されたとしても、自分を守ることができません。ボクシングに例えるなら、リングの上でノーガードで打たれっぱなしになっているような状態です。そんなことを続けていたら、心身ともに健康でいられないことは火を見るより明らかです。

怒ることは自然なことで、恥ずかしいことでもなければ、人間ができていないということでもありません。怒れないことで自分を責め、自分に怒りを向けて苦しんでいる人の、なんと多いことでしょうか。

怒れない人の多くは「人の良い人」です。人が良いと思われている、あるいはそのように思われたいと思うがあまり、人に対して感情、特に怒りを顕わにすることを躊躇っています。

本書ではそんな「怒れない人」「人の良い人」がどうすれば素直に、罪悪感なしに怒りを表現し、相手に理解してもらえるようになるか、アンガーマネジメントの視点から具体的な方法を紹介します。

アンガーマネジメントの専門家である私が、人に怒り方を教える本を出すことに疑問を持つ方もいらっしゃるかもしれません。アンガーマネジメントは１９７０年代にアメリカで生まれた、怒りの感情と上手に付き合う心理トレーニングです。怒らなくなることを目指すのではなく、怒る必要のあることには上手に怒り、怒る必要のないことには怒らなくて済むようになることを目指します。

怒らなくなることがアンガーマネジメントではありません。怒る必要のあることには、上手に怒れるようでなければ、アンガーマネジメントができているとは言えないのです。

ここ数年は企業研修でも管理職がパワハラを恐れるあまり叱れなくなっているので、

「上手に叱れるように指導して欲しい」との依頼が増えています。仕事で必要にせまられてさえも、叱らなければいけないときに叱れないのですから、普段の人間関係ではさらにそのハードルは上がります。

なお、本書では「怒る」も「叱る」も同じ意味で使います。一般的には怒るは身勝手に怒りをぶつけ、叱るは相手のことを思って怒るといったイメージで捉えがちです。ですが、アンガーマネジメントでは怒るも叱るも相手に「今どうして欲しい」「これからどうして欲しいか」を伝えるリクエストと考えています。リクエストを伝えるだけなので、相手に嫌われることもなければ、気を遣う必要もありません。

素直に怒れるようになると、本当に気持ちがいいものですよ。そして気持ちがいいから、本当の意味でいい人でいられるようになります。取り繕ったいい人でいるのが、心身ともに健康的でないことは自分自身でよく知っているはずです。

さあでは早速本書で素直に気持ちよく怒れる人になっていきましょう。大丈夫です。何も心配はいりません。誰でも最初は怒るのが苦手というところからのスタートです。

1章

怒れない人は損をする

○怒れない人が増えている

世の中を見渡せばそこら中で人が怒っているかのようです。テレビ、新聞、ネット等のニュースでは、いつでも誰かが誰かを怒っています。このコロナ禍になってからは自粛をしていなければ「なぜ自粛しない？」と怒り、一方で飲食店、旅行業界ばかり負担を強いられるのはけしからんと自粛を唱える人達に怒ります。

医療体制がなかなか整わないことにイライラを募らせる人もいれば、ワクチン摂取の予約がとれないと怒り散らす人もいます。

皆が怒り、怒れない人なんて世の中にいないのではないかと思えるような状況です。ところが、家庭、学校、企業でもこの30年くらい怒れない人が増えています。

怒ることは教育上良くない、怒っては部下が育たない、怒るなんて未熟な大人のすることといった思い込みを持っている人が、多いのではないでしょうか。これは社会全体を覆う空気感のせいなのですが、その空気感をつくることになった文化が、「怒れない人」をつくりだしている元凶です。それらは褒めて伸ばす文化、ＳＮＳ文化の２つです。

○人を怒れなくした理由　その❶　褒めて伸ばす文化

私が子供の頃、少なくとも中学生くらいまでは、学校には竹刀を持った強面の先生がいて、生徒が問題を起こせば（その問題は大した問題でなかったとしても）、鉄拳制裁とばかりに竹刀で殴られました。特定の不良ばかりが殴られたということではなく、私の記憶にある限り、男女含めて殴られなかった生徒はいなかっただろうというくらいに、誰もが殴られました。

平手打ちされた記憶はほとんどありませんが、げんこつ、竹刀で暴力的に怒られることは日常茶飯事でした。そのことについて保護者から意見が入るようなこともなく、怒られた生徒側の方が悪いというのが暗黙の了解のようでした。

悪いことをしたら怒る、罰を与えるのが当時の教育の主

流でした。これは長らく軍隊式の教育を引き継いできた悪しき文化でした。

ただ、やはりそんな教育をしていて良いはずがありません。殴られれば誰でも傷つきますし、そもそもそれは暴力です。学校の先生だからといって、校内だからといって許されるものではありません。学校外で同じことをすれば、傷害罪に問われるものです。

少しずつ教育現場に対する社会の目が変わり、学校の先生が怒りながら教育するのは前時代的なものと断じられるようになっていきました。そのような変化が起きたのが大体30年から40年前です。いわゆる「ゆとり教育」の時代と重なります。

「ゆとり教育」は褒めて伸ばそうという教育方針ではなく、それまでの知識偏重型の詰め込み型から、思考力を鍛えることに重点を置いた経験重視型のものへの変更です。ゆとり教育の方針のどこにも「怒るよりも褒めて伸ばそう」とは書かれていないのですが、時期を同じくして、子供は褒めて伸ばそうという風潮に変わっていきます。

それまでの「怒って無理やり勉強させる、言うことをきかせる」から一転、真逆とも言える子供の個性を重視し、主体性に任せることが大切といった風潮になると、反動は大きく、子供は褒めて伸ばすものという考えが一気に広まりました。

「怒るなんてとんでもないこと」と過去を強く否定することで、今の正しさをより強調するかのごとくです。

教育現場の動きは家庭、企業にも大きな影響を与えます。実際のところ教育現場、家庭、企業を含めた社会を考えた場合、どこがスタートになっていると言い切ることはできません。それぞれが鶏と卵の関係になっているからです。

家庭でも「怒るから褒めて伸ばす」への大きな方向転換が始まります。家庭でこうした動きが強くなると、学校で先生が子供を怒るようなことがあれば、「なぜうちの子を怒るのか？」と学校に保護者からクレームがいくようになり、学校はことを荒げたくないので、さらに怒ることに慎重になり、できる限り怒らないよう努めます。こうして学校は怒る・怒られることについての無菌化状態になり、子供達だけでなく、先生、保護者も含めて怒る・怒られることについての免疫がつかなくなりました。

そして褒めて伸ばす教育を受けてきた人達が社会に出るようになる頃、企業でも部下育成に関して方針を

転換せざるを得なくなりました。企業もまた部下を怒ることは当たり前、今ではパワハラとなるような怒り方をしても怒られる方が悪いという考え方が中心でした。

ところが学生の頃から怒られることに慣れていない若い人が増えた結果、企業としては若い人を怒ることができなくなりました。この頃から、今の若い人は怒られることへの耐性がとても低く、「怒られると辞めてしまうから怒れない」といったボヤキを聞くようになりました。

なかには部下を怒ったら、「なぜうちの子を怒るのか?」と保護者から会社に電話があったと、笑い話というか驚かれる話が生まれるくらいの状況になりました。これが都市伝説であればまだ救いがありますが、本当にあった話なので笑い事ではありません。

もともと怒られることに耐性の高い人は多くはありませんが、家庭でも学校でも怒られる機会が少なければ、大人に成長したとしても「怒られ耐性」が低いままであるのは仕方がありません。

人は成長する中で、いろいろなことへの耐性をつけていきます。人間関係も嫌なことを

経験すれば、無邪気に誰とでも仲良くなることが難しくなり、多少の警戒をするようになります。

生きていれば、仕事をしていれば、少なからず人から裏切られたと思うようなことはありますので、そうやって人間関係に耐性をつけること、免疫を備えておくことは大人になってから人間関係で酷い失敗をしないためにも大切なことです。

子供の頃から怒る場面、怒られる場面にあう機会が少なければ、怒られることの耐性は上がりません。怒られることへの免疫がつかないとも言えます。人は経験によって学びますが、単純に学ぶ機会が少ないので学習しようがないからです。

そして怒られ慣れていない人達が上司になれば、これまた怒ることにも慣れていないのでどう怒ってよいのかわかりません。入社してくる自分よりも若い世代は、更に怒られ慣れていません。するとまたここで「怒れない・怒られない」という循環が生まれ、ぐるぐると回り続けることになるのです。

この30年くらいの間、企業の管理職が一生懸命学んだものの一つがコーチングです。コーチングの基本は、クライアント（管理職の場合であればクライアントは部下です）の承認です。最初からいきなりクライアントを怒るようなことは決してしません。そんなことをすれば、クライアントとの間に安心で安全な関係を作れないと教わるからです。

最近ではリモートワークの影響から、部下との距離感をどうとればいいのかわからず悩んでいる管理職が非常に多くなっています。ネガティブなフィードバックをしなければいけないこともありますが、関係性が薄くなっているので、どのように伝えてよいのかわからない、加減がわからず、部下育成に支障を来しているのは大きな問題の一つです。

教育現場、家庭、企業、そして社会全体として怒ることは「非」、褒めることが「是」という文化を皆して作ってきてしまった結果、「怒ることは悪いこと」、「怒ることは良くないこと」という思い込みを生み、同時に怒り方がわからない、怒りたくても怒れないと悩み、苦しむ人を生むことになりました。

◯人を怒れなくした理由　その❷　SNS文化

褒めることが正しいことで、怒ることは良くないことという文化に拍車をかけているのがSNSです。

SNSは承認欲求のメディアとも言われます。お互いにそこで求めているのは承認されることだからです。それを象徴するのが「いいね」です。自分の投稿にどれくらいの数の「いいね」がつくかによって、自分が認められている程度を確認します。

また、他の誰かが自分よりも多い「いいね」をもらっていれば、「なんであんなにいいねがもらえるのか」と嫉妬したり、逆に「自分はまだまだだ」と卑下したりします。SNSでは「いいね」が、あたかも価値を決める通貨のごとく動いていいま

す。より多くの「いいね」をもらう人に価値があり、そうでない人には価値がないかのような風潮です。

インフルエンサーとはまさにそういう存在です。言葉の意味であれば影響力のある人ですが、その実態を表すのはフォロワーの数、いいねの数です。それがインフルエンサーの評価の指標として見られています。実際「いいね」の数はお金で買うこともできるので、「いいね」はSNSの中ではただの言葉ではなく、経済的な価値があるもの、貨幣価値に置き換えられるものになっています。

ネット空間の中の「いいね」の数に一喜一憂して、自分の大切な人生の価値を判断しようとするのはどうかと思いますが、これだけSNSが隆盛を極めている現在、多くの人がSNSを通じて自分の存在価値を確認しています。

SNSの運営側にもそのことについての問題意識はありますので、例えばインスタグラムであれば、設定によっては誰かの投稿の「いいね」の数が見られないようになっています。

「SNS疲れ」という言葉が世間に登場してからもう久しく

なります。改めてSNS疲れの意味を確認してみましょう。

〝ツイッターTwitterやフェイスブックFacebook、ラインLINEなどに代表されるSNS（ソーシャル・ネットワーキング・サービス）におけるネット・コミュニケーションを長く、また頻繁に続けることにより、苦痛や疲労を感じる状態をさすことば。個別のサービス名をつけて、「ツイッター疲れ」「フェイスブック疲れ」「ライン疲れ」などとよぶこともある。日本のSNSの嚆矢《こうし》とされるミクシィmixiにおいて、ユーザーが「ミクシィ疲れ」とよび始めたことから、一般にも認識が広がった。原因は、やりとりのマンネリ化、望まない論争、フォロワーとの関係の深化などがあげられるが、スマートフォンの普及によって、いつもSNSの反応を気にする、一種のネット依存によるところも大きい。〟

出典元：『日本大百科全書（ニッポニカ）』（小学館）

この説明の中で私が特に気になるのが「フォロワーとの関係の深化」「いつもSNSの反応を気にする、一種のネット依存」です。

フォロワーとの関係の深化は、繰り返し同じ人からいいねをもらうことであり、より多くの人からいいねをもらうことです。そのためには敵を作らず人気者であり続ける必要があります。

あえて賛否両論なことを言うことで炎上させ、より多くのフォロワー、いいねをとる人達もいますが、それはごく一部の特殊な人で、多くの人はこうした炎上商法的なことはしませんので、基本的には多くの人にとっていい人であろうとします。

ここで言う「いい人」とは往々にして社会的規範に則った人のことです。多くの人に配慮し、思慮深く、好きなことに熱中し、自分のことを好きであり、楽しく幸せに暮らしていそうな人のことです。

こういうタイプの人は、世の中に不平不満を言わないように努力をし、常にポジティブで、誰かや何かに怒りをぶつけ暴言を吐くようなことはしません。不平不満を言うにしても、努めて建設的な意見を言っているように見せようと演出を凝らします。怒りに振り回されているような自分であったら、これまで集めてきた「いいね」が台無しになってしまうからです。

怒ることで人気を得る人はいますし、実際のところ怒れる人は人望を集めることができるのですが、一般的にはなかなかそうは思われません。ですので、自分が怒っていたとしても他人の目を気にし、承認されたいがために怒りを押し込めてしまっている人がＳＮＳには本当に多くいると私の目には映ります。

様々な調査研究により、ＳＮＳ上では怒りが最も拡散しやすい感情と言われています。拡散しやすいということは、それだけ多くの人の共感を集めると言えそうです。であれば、ＳＮＳでも怒った方がより多くの「いいね」を集められると考えるのが理屈的には正しいので、ＳＮＳでは怒った方が得なはずです。

ただここで注意をしなければいけないのは、怒りそのものは共感され拡散されたとしても、その怒りを発した当人にも同じように共感が集まるかと言えば、それがそうとも言えないということです。

例えば、悪質な企業で働いているＡさんがその会社の悪質さをＳＮＳで匿名告発したとします。その会社のおこな

ってきたことへの怒りは皆が共感するもので、多くの「いいね」がつき拡散されました。ただ同時にその悪事に加担をしていたAさんを責める言葉も多くの共感を集め拡散されたのでした。

多くの人にとって孤独は苦痛です。常に誰かとのつながりを求めますし、つながるにしても認めてもらいたいと思っています。特にSNSにはまっている人は尚更です。だからいつもSNSの反応を気にしてネット依存に陥っています。

特に今はスマホを片時も離さず持っていますので、文字通りいつでも、どこでもSNSをチェックすることができます。皆忙しいと言いながらもSNSやネットニュースを見る時間はあるのです。忙しくても、時間がなくても見てしまう。これがまさに依存と言われる所以です。

あなたはSNS上で怒りを発したことがあるでしょうか。怒りの投稿をする時に他の人に自分が怒っている姿を見せるのは恥ずかしい、こんなことを書いたら小さな人間と思われてしまうかもしれないと躊躇したことがあるでしょうか。

素直になることの大切さはよく説かれますが、怒りを感じたとしても、いつの間にかそれを素直に認め表現することをはばかるようになっています。

○怒るべき場面、対象がわからない

怒れない人の中には怒るべき場面、対象がわからないという人も多いでしょう。いつ、どこで、誰（何）に対して、どのように怒ってよいのかわからない。「怒りを感じたなら、そのまま怒ればいいじゃないか」というのは怒れる人の意見であって、怒れない人はそれができたら苦労はないと思っています。

そもそも怒りという感情がなんのためにあるのか理解すれば、どういう時に怒らなければいけないのかがわかります。

怒りは防衛感情とも呼ばれる感情で、人であれば誰もが持っている自然な感情の一つです。

動物にも怒りの感情はあります。動物にとっての防衛感情は自分の命を守るための感情なのです。

動物の場合、目の前に危険が現れたとします。それは捕食者のような天敵かもしれませんし、縄張りを荒らすものかもしれません。その場合、ぼーっと気を抜いていたら自分の命を取られてしまいます。命を守るためには臨戦態勢にならなければいけません。その際、身体を臨戦体制にしてくれるのが怒りなのです。

怒りが生まれることにより、身体から様々なホルモンが放出されます。一番ピンとくるのはアドレナリンでしょう。アドレナリンが出ることで身体は臨戦態勢となり、今目の前にある危険に対して闘うか、あるいは逃げるかして自分の命を守ることができます。

これは専門的には闘争逃走反応と呼ばれます。つまり、怒りは自分の身に危険を及ぼすものに対して、闘うか逃げるかを身体に判断させるための感情です。怒ることをしなければ、極端なことを言えば自分の命を守ることができないのです。

私達が怒らなければいけないという場面は、自分の命に危険が加えられようとする時です。また怒らなければいけない対象は自分の命に危害を加えようとする相手です。

とはいえ自分の命を脅かすような場面なんて、そうはないと思う人が多いでしょう。確かに、私達が普段の生活の中で命の危険を感じるようなことはそう多くはありません。

でも私達は怒ります。命が危険にあうわけでもないのに何故怒るのでしょうか。動物にとって大切なものは命や子孫です。人間も基本的には同じではあるのですが、私達は社会的な動物なので、社会生活を送る中で命の他にも大切なものがたくさんあります。

例えば、考え方、立場、財産、学歴、経歴、ステータス、価値観、名誉、人権、権利、尊厳、こだわり、宝物、思い出等々、目に見えるもの、見えないもの、経済的価値のあるもの、ないもの、他の人にとっては価値がなくとも自分にとっては譲れない価値があるものといった具合に、自分が大切にしているものはかなりあります。

あなたが怒らなければいけない場面は、あなたが大切にしているものが傷つけられそうな時です。そ

して怒らなければいけない対象は、あなたの大切にしているものを壊そうとする人です。例えば、あなたが大切にしている考えがあります。その考えが否定されるようなことがあれば、それはあなたの大切にしている考えが攻撃されているということです。

あなたの考え方は間違っている、あなたのやり方はおかしいと言われた時は、怒りをもって闘う必要があります。闘わなければ、あなたの大切にしている考えは否定され続け、やがては元に戻せないくらいのダメージをおってしまうかもしれません。

あるいは、あなたの尊厳を踏みにじるようなことを誰かがしてきたら、やはり怒りをもってその人と闘わなければいけません。でなければ、あなたの尊厳は道に落ちている枯れ葉のように踏みつけられ粉々になってしまいます。そんなことを放っておいて良いはずがありません。

あなたが怒ることは、あなた自身を守ることです。怒ることは全く恥ずかしいことではありませんし、躊躇することでもありません。怒ることは人として自然なことであって、私達が持っている当然の権利です。

○怒れない人は損をする

私がここに書くまでもなく、怒れない人が様々な場面で損をしていることは、怒れない自覚のある人は身を持って実感していることでしょう。

怒れないことでどのような損をしているのでしょうか。怒れないことでの大きな損は結局のところ次の２つです。

・**現状を変えられない**
・**自分を害する**

怒りは間違いなく私達にとって大きな原動力となるエネルギーです。先に書いた通り、怒りは大切なものを守るためにある感情で、怒ることは大切なものを守ることです。大切なものを守るための原動力として怒りがエネルギーになります。

現状のあらゆることに満足している人は幸せな人と言えるでしょう。良くも悪くも現状に満足している人は怒る必要がないので怒りません。現状に満足しているということは、大切にしているものが安全で安定した状態を保っていると感じているということです。大切なものが危険な目にあっているとは思っていないので、怒りでそれらを守る必要がありません。

現状のあらゆることに満足している人なんて、そうそういないでしょう。ところが、現状に感謝しよう、今いる状況を受け入れようといった、自己啓発的な言葉を素直に受け止めてしまう人は、たとえ現状に不満があったとしても、不満があると認めることができません。現状に満足できないのは自分が成熟していないから、大人になれていないからではないかと自分を疑います。

また、現状に不満があることを認めることは、今の自分が満ち足りた状態になく、どうかすると自分を否定しなければいけないように思えるので、これまた現状に不満があることから目を背けてしまいます。

本当は不満があるにも関わらず放っておけば、状況は悪くなる一方です。放っておいて状況が良くなることはあまりありません。そうなれば大切にしているものは時々刻々と侵害され続け、現状を変えたいと思い立った時にはもう手遅れになってしまうことが往々にして起こります。

私達の怒りには「私憤」と「公憤」があります。私憤とは「個人的な事柄での憤り。個人としていだく怒り」（『デジタル大辞泉』小学館）です。それに対して公憤とは「社会の悪に対して、自分の利害をこえて感じる憤り」（『デジタル大辞泉』小学館）です。

公憤は私憤から出発するもので、私憤が多くの人の共感を得て公憤になるものと考えています。

例えば、今や世界的活動になっているセクシャルハラスメントや性的暴行などの被害を告発するMeToo運動も全員が一斉に被害にあったわけではなく、告発した最初の一人に多くの人が「私も」といって共感し声をあげ

たことで社会全体として、こうしたものをあらためて許してはいけないと公憤になったのでした。

誰かが声をあげなければ、被害者は泣き寝入りをし続けることになったでしょう。現状を変えなければいけない、現状に怒りを感じているからこそ変えるという強い意志を持ち、現状を打ち破りました。

あなたが会社で不当な扱いを受けている、言い返してはこないだろうと思われ言われっぱなしになっている、知り合いの間で嫌な役割を押し付けられているといった現状に対して、声をあげずに受け入れてしまえば、何も変えることはできません。

そうは言っても、怒りを感じたとしても行動に移すことができないという人も多いでしょう。現状について怒りを感じたとして、どう行動すればいいかについては後ほど詳しく紹介します。

ここではまずは現状に不満を感じているのであれば、その不満を素直に認めようということです。あなたが本当の意味で、今置かれている状況に何の不満もなければ問題ありません。

ただ、少しでも嫌だな、どうにかしたいなと感じているのであれば、それは大切な何かが侵害を受けているというサインです。

そのサインを見過ごすことはあなたの人生にとって大きなマイナスにしかなりません。怒ることを恐れずに、怒ることでマイナスにならないように向き合っていきましょう。

結局のところ、現状に不満があるにもかかわらず怒れない人は自分を害します。自分を害するとは、長い目で見た時に自分にとって健康的ではない状態に自分をすることです。

繰り返しになりますが、怒りは大切なものを守るという役割の感情なので攻撃性を伴います。人が怒りを持った時、その攻撃性は自分、他人、モノのいずれかに向けられます。

この攻撃性は建設的な方向に向けられるのもあれば、破壊的な方向に向けられることもあります。残念ながら多くの場合、破壊的な方向に向けられてしまっています。怒りを破壊的な方向に向けるのではなく、建設的な方向で活かせるようになるのもアンガーマネジ

メントの役割です。

怒れない人は怒れない自分を責めます。どうして言い返すことができないんだろう、なぜこんなことを言われなきゃいけないのだろうか、と自分の不甲斐なさを自己批判します。そしてその自己批判によって自信を失い、自分はなんてダメなんだろうと自尊感情を傷つけます。

自尊感情を傷つけてしまうとさらに怒りやすくなり、自分を攻撃する魔のループにはまります。自尊感情が傷つくと、いわゆる自己肯定感の低い人になります。自己肯定感が低い人は、自分が弱く脆い人間であると自覚しています。

弱く脆いのですから、外部から攻撃されれば簡単に大切な自分が傷つきます。大切なものを傷つけられそうになれば、人は怒りによってそれを守ろうとします。周りの人は別に攻撃しようと思っているとは限らず、意見しているだけかもしれません。しかし弱く脆い人にとっては、自分への意見も攻撃と捉えてしまうのです。

つまり自己肯定感が低い人は自己肯定感が高い人に比べて、外部からの攻撃に対して過敏で過剰防衛とも言えるくらいに怒りで防衛しようとします。ところが攻撃してくる対象に怒ることができないので、さらに自分を責めて自尊感情を傷つけ、自分をもっと弱く脆くしていくのです。

また、周りには自分を攻撃してくる敵が多いと思うようになり、いろいろな人と健全な人間関係を作るのが難しくなります。自分から心を開くことを拒否するようなことをすれば、相手も心を開いてくれません。そうなれば疑心暗鬼に陥り、さらに人と距離をとるようになるので、味方よりも敵が多くなるのは自然の流れです。

周りに味方がいっぱいいると思っている人と周りには敵しかいないと思っている人。人生を生きる上でどちらの方が得なのかは言うまでもありません。こちらを味方だと思っている人には周りの人が助けの手を喜んで差し出します。一方でこちらを敵視している人には関わりたくないですし、ましてや手助けをしたいとも思いません。人間関係を損得で考えるなんて不謹慎と思われるかもしれませんが、実際問題損得は生まれています。

○自分が我慢すればいいと思っている人へ

怒りたくても怒れない人の中には、自分が我慢して丸く収まるならそれでいいやと思っている人も多いでしょう。自分が少し我慢することで事を荒らげずに済むのであれば、そちらの方が楽と思っている人もいるかもしれません。

しかし、その考え方は捨てましょう。あなたが我慢しても事は丸くは収まっていませんし、事が荒立たずに済んでいる保証はどこにもありません。

あなたが我慢をして事が丸く収まっていると思っている間、相手はあなたにこれからも言いたいことを言っていいんだ、嫌なことは押し付けてもいいんだと思っています。なぜならあなたは言い返してこないし、言いなりになると思われているからです。

もしかしたらあなたが気持ちよく相手のことを受け入れ

てくれている、むしろこちらが言ってあげていること、役割を与えていることに感謝しているくらいにさえ思っているかもしれません。

あなたのことを「言い返さない人」と思っている人に、あなたが反論をしたらどうなるでしょうか。相手はそれこそ飼い犬に手を噛まれたかのごとく怒るでしょう。あなたは言い返さない人ですし、あなたが言い返していいなんて相手は微塵も思っていません。あなたが我慢をすればするほど、周囲はあなたの人権を無視するような勘違いをしてしまうのです。

また、あなたが我慢することで、それが他の人の迷惑になっていることも考えられます。例えば、あなたが上司から言われるがままに言うことを聞いていたとして、それがパワハラとも言えるようなことだったとします。

あなたの後輩や部下はあなたが我慢している姿を見て、自分も同じようにこの理不尽を受け入れなければいけないと思っているかもしれません。もしくはあなたが自分が我慢しているのだから、あなた達も我慢しなければならないと、暗に示していると受け取られていることもあります。

日本人は我慢することが美徳であるかのような教育を受けていたことがあります。我慢することで自分の大切な人権が損なわれるようなことがあるなら、我慢など美徳でも何でもありません。むしろ我慢は百害あって一利なしです。

繰り返しますが、あなたが我慢をしても事は丸く収まっていません。丸く収まるどころか、これからさらに悪化するように自分でその種を撒いてしまっているのです。

これは個人に言えることだけでなく、家族、仲間、会社、コミュニティ、社会といった多くの人の集まりにも言えることです。

コロナ禍の中、非常事態宣言などで自粛することが求められました。コロナの感染拡大を阻止したいというのは国民誰もが思うことですが、特定の業界ばかりを狙い撃ちとばかりに自粛要請することには多くの人が怒りを感じました。

飲食店が営業していないかを見回るのは、国民が国民を監視するかのようです。戦時中は憲兵が国民の行動を監視し取り締まりましたが、まさかこの令和において同じようなことが起こるとは誰が想像したでしょうか。

「欲しがりません、勝つまでは」「贅沢は敵」とは戦時中のスローガンでしたが、コロナ

戦争とも言える現在では「不要不急」が大義名分となり、それに歯向かうようなことをすれば非国民であるかのように扱われます。

さすがにこれ以上我慢すれば今後の生活ができないと、自粛要請を受け入れずに営業を再開する飲食業も散見されるようになりました。このことの是非はここでは問いません。ただ、我慢をしなさいと一方的に言われ、言いなりになって立ち行かなくなるのであれば、立ち上がらなければいけないこともあることを、このコロナ禍の中で教えられているように思えて仕方がありません。

○怒らないことでいい人を演じようとしている人へ

怒れない人の中には、怒らないことで自分の評価を高めたいと思っている人が少なからずいます。このタイプの人は怒らない人が人格者であり、平和主義で、皆から認められる存在であると思い込んでいます。

先にも書きましたが、私達はとにかく怒ることは悪いこと、行儀の良くないこと、未熟な人がすることといった間違った理解をしています。子供の頃から家庭で、学校でそう教えられ、躾けられてきました。

ただ、ではなぜ怒ってはいけないのか、怒ることがどう良くないことなのかについては詳しくは教わっていません。理屈は抜きに怒ることは良くないこととして教わるだけです。そしてそう教わる人が多いので、世の中として怒ることは良くないことという「空気感」が出来上がっています。

この空気感がとても厄介なのは、日本人は空気感にとても弱いからです。一例を挙げてみましょう。

2020年3月下旬、同志社大学の中谷一也教授が行った日本人がマスクを着ける動機のアンケート調査では、最も高かった理由は「みんなが着けているから」でした。マスクをすることが推奨されることの理由は感染拡大を防ぐためと当然のことのように考えていましたが、本調査ではそうではなかったことが明らかになりました。

昔から日本人は同調圧力に弱いと言われています。それを表しているエスニックジョークも以前からあります。エスニックジョークは一般的にはブラックジョークで不謹慎なものですが、日本人が同調圧力に弱いと言われていることを象徴するものがありますので、あえて紹介します。

エスニックジョーク例：沈没しかけた船に乗っている乗客に船長が海に飛び込むよう説得します。アメリカ人には「飛び込めばヒーローになりますよ」。イギリス人には「ジェントルマンになれますよ」。フランス人には「飛び込まないでください」。日本人には「皆飛び込んでいますよ」と、説得すると効果的ですよといったものです。

話が逸れました。怒ることは良くないことという空気感が世の中に漂っているということは、裏を返せば怒らない人は良い人ということです。誰しも良い人と評価されたいと思っています。自分自身で自分のことが評価できる人、言い換えれば自己肯定感の高い人は世間の評価に頼らなくても自分の価値を自分で認めることができます。

ところが自己肯定感の高い人はそうそういませんので、少なからず世間からの評価によって自分が価値ある人間であることを確認し

ようとします。そう考える人は世間が評価者になるので、自分の考え方、行動は世間におもねっていて、しかもわかりやすいものを選びます。

すると怒らない人というのは世間的に良い人としてわかりやすく、評価されやすい人になると考えるので、怒りたくてもぐっとこらえて、怒らない人を演じます。怒らない人を演じるうちにどうやって怒ればいいのかわからなくなり、より怒れない人になる人もいます。

誤解を恐れずに言えば、世間のあなたに対する評価は適当なものですし、無責任なものです。世間があなたをどう評価しようが、世間はあなたの人生の何の責任は何もとってくれません。その評価を当てにしてそのように振る舞ったとして、あなたが人生でどうなろうとも世間には関係ないのです。そしてその評価は簡単に掌返しされ、悪い評価にもなります。

昨日までの人気者がスキャンダルをきっかけに崖から真っ逆さまに落ちるように世間から叩かれるのを私達は繰り返し見ています。こうしたものを見れば、いかに世間から評価されることが自分の幸せに関係ないか、意味がないかがわかりそうなものですが、そこまで人は合理的ではないですし、強くもありません。

怒らないことでいい人を演じようとすることが絶対的に悪いこととは言いません。ただ、ほどほどにしておかないと世間の評価欲しさに自分が心から欲しいものを脇においておくようなことになってしまいかねません。それではどんなに評価を受けたとしても本当の意味で満足することはありません。満足しないから更にまた評価を求め続けるような、終わりのないことをしてしまうのです。

○怒ることの大切さ

怒ることが大切というよりも、怒る必要のあることには上手に怒れ、怒る必要のないことには怒らなくて済むようになることが大切です。言い換えれば、「怒ること」「怒らないこと」のメリハリがつけられるかです。怒れない人には、怒る必要のあること、必要のないことのメリハリがありません。

怒る必要のあること、必要のないことが分けられないことは、大切なものが何かを自分でわかっていないことです。もしくは大切なものがわかっていながら、その大切なものが危険な目にあったとしても黙認するか、目を逸《そ》らしていることです。そんなことをしていたら自分の大切な人生はボロボロです。

大切なものを守らない人生は、誰かや何かに好き放題されるがままの人生です。自分の人生を主体的に生きているとはとても言えません。考えること一切を放棄し、何でも誰かに選んでもらうような人生を、誰が望むでしょうか。

怒りは自分の身を守るために備わっている感情、大切なものを守るために必要な感情であることは先に何度も書いたとおりです。

その大事な役割がある感情を上手に使えるかどうかで、あなたが人生を安心して安全に生きられるかが決まるといっても過言ではありません。安全で安心に暮らせるからこそ、好きなことを思いっきり楽しむことができるのです。いつも誰かに攻撃されるのではないかと怯えていたら、楽しめるものも楽しめません。

怒りの感情と上手に付き合い、怒る必要があるものには上手に怒れ、怒る必要のないことには怒らなくて済むようになることは、常に自分の気持ちを整えられることにつながります。

気持ちを整えられることで、仕事も趣味も育児も生活も、何もかもが安定して、自分の能力を思いっきり発揮することができるのです。イライラしている時、普段通りの実力を発揮できないことはこれまでの経験からあなたも理解しているでしょう。

2章

あなたが怒れない7大理由

○いい人でいたいと思っている

怒れない人の最大の理由は「いい人でいたい」です。誰でも悪い人と思われるよりも、いい人と思われたいというのが人情です。ところで、そもそも皆が思う「いい人」ってどんな人のことでしょうか。

いい人と一言で言っても各自が思ういい人は結構違います。明るい人をいい人と言う人もいれば、親切な人をいい人と言う人もいます。異性として魅力的な人を言う人もいれば、異性としては何とも思わないけど人として好きな人と表現する人もいるでしょう。

あるいは仕事ができる人をいい人と感じる人もいれば、自分だけに優しい人をいい人と思う人もいます。結局のところ、いい人にはいろいろな意味合いや形があって、どうもよくわかりません。言ってしまえば、自分にとっていい人がいい人としか言いようがないのかもしれません。

ただ、一般的に多くの人が思ういい人とは、社会規範から見ていい人であるということでしょう。社会的に正しく品行方正で、誰に対しても優しく気遣いができ、信頼のおける人であることです。

条件だけを見れば、間違いなくいい人そうです。ただその一方で、そんな人って実際に身近にいるかなとも思います。例えば、少なくとも友達は自分にとっていい人のはずです。ではその友達が社会規範的に見ていい人かと言われれば、必ずしも100％一致はしないのではないでしょうか。

私にも友人や仲間がいます。彼ら、彼女達のことは大好きで、一緒にいるのが本当に楽しく居心地が良いと思えます。私にとっては間違いなくいい人達だし、誰にだって紹介できる自慢の仲間達です。

ではその人達皆が、先程の社会的規範から見ていい人かと言われると、自信をもって皆そうですとはなかなか言うことができません。というのは、皆いい人ではあるのですが、誰にも弱いところもあれば、ダメなところもあるからです。

例えば、私の親友の一人はお酒が大好きでよく飲みます。飲んでいる最中に前後がわからなくなりその場で寝てしまうこともあれば、愚痴をしゃべり続けることもあれば、翌日記憶がないなんてこともよくあります。社会的規範から見れば、自分を見失うくらいお酒

を飲むなんてあってはならないことです。

お酒を飲んで前後不覚になる人と言えば、社会不適合者と烙印を押されてもおかしくないくらいです。でも私は彼のことが大好きだし、一緒に飲んでいて本当に楽しいし、また一緒に食事に行きたいと思います。

一方で彼のことを嫌な人だと言う人もいるでしょう。一緒にお酒を飲めば、あまりのハイテンションに引いてしまうという人がいることは簡単に想像がつきます。私にとってのいい人が、誰かにとっての嫌な人であることは何も不思議ではないし、むしろそういうものだと思っています。

社会的規範から見ていい人。そういう人が社会にいることはとても大事なことですし、そういう人がいなければいけないのだろなとも思います。その一方で自分の身近にはそういう人はいなくてもいいかなとも思います。なぜなら、そういうタイプの人が身近にいたら、何をするにも監視されたり、注意されそうで息苦しそうだからです。

「万人にとっていい人」はそうそういません。「つまづいたって　いいじゃないか　にんげんだもの」（『にんげんだもの』文化出版局）とは詩人・あいだみつをさんの有名な

作品です。完璧な人なんていないし、失敗するのは当り前で、くよくよ悩んだり、余計なことを言って後悔したりを繰り返しているのが人です。

あなたがいい人でいたいと思った時、自分でも知らないうちに人間を超えた聖人君子のような人をイメージしてしまっているのではないでしょうか。いい人でいようとしている人は基本的にそのことで苦しさを感じています。なかにはいい人でいなければいけないと強迫観念のように思い込んでいる人もいます。

聖人君子を目指すのなんて無理筋だし、そんな無理をしようとすれば苦しくて仕方がなくなって当然です。

万人にとっていい人なんてこの世の中にはいません。もしいたとすれば、誤解を恐れずに言えば、その人はいてもいなくてもどちらでもいい人にしかなりません。なぜなら、誰にとってもいい人でいるということは本当に誰にとっても人畜無害であるからです。毒にも薬にもならないような人は、いてもいなくても何も変わりません。何も変わらないということは、いなくても同じなのです。あなたの目指している人間像は誰からもいなくていいと思われる人で

はないと思います。

お釈迦様やキリストですら、彼らを敵とみなし迫害した人達がいたのです。どんな人も万人にとっていい人になるのがどれほど困難なことか、このことからもわかります。

いい人でいたいという人は、もしかすると誰にも迷惑をかけたくないと思っているかもしれません。それも生きている限り無理な話です。私達は生きている以上、少なからず誰かに迷惑をかけています。

例えば、あなたが何か商品を買ったとします。その商品を作った人にとっては嬉しいことですが、もしかするとその商品は他の誰かが買おうとしていたものかもしれません。するとその他の人にとっては、あなたが買った行為は自分が買えなくなってしまい迷惑でしかないのです。

大量生産の商品であればそんなことはないと思われるかもしれませんが、たまたまあなたが買ったタイミングでそのお店で品切れたということもありえます。

あるいはあなたが電車で何気なく座った場所は他の誰かが座るはずの場所だったかもしれません。

私達は意図的に誰かに迷惑をかけようとは思っていません。でも結果として迷惑になることは社会生活の中ではいくらでもあるのです。

また、迷惑を極端に悪いものと考える必要もありません。迷惑があることで、商品やサービスが改良されることだってあるからです。例えば、電車の中でのヘッドフォンからの音漏れが迷惑になっていれば、メーカーはどうすれば音漏れしないか、どうすればより快適に音を聞きながら周りの迷惑にならないかを研究し、人に迷惑がかからないヘッドフォンを開発します。

迷惑があるから、それを改善しようと取り組みが行われ、社会全体が良くなるきっかけになっているとも言えるのです。

わざわざ誰かに迷惑をかけようと思う必要はありませんが、迷惑をかけたくないと思ってもかけることがある事実は受け止めておきましょう。そしてそのことは決して悪いことばかりではないことも理解しておきましょう。

○怒ることを恥ずかしいことだと思っている

怒れない人が多くなっている社会的な背景として、褒める文化、SNS文化を挙げました。本項ではその社会を覆う空気感によって怒れない、あるいは怒りづらくなってしまっているあなたの思い込みをひもとき、それが不要なものであり、いかにそれがあなたの人生の足枷になっているかについて理解を深めましょう。

あなたは怒ることを恥ずかしいことと思ってはいないでしょうか。例えば、スーパーやコンビニの店員さんに向かって大声を上げて文句を言っている年配の男性を見れば、「大の大人が何をやっているんだ」「さっさと会計しろよ」「それくらいいいじゃないか」「何をつまらないことを言っているんだ」「大人として本当に恥ずかしいな」といった感想を持

つのではないでしょうか。

その年配男性のやっていることが最近社会問題になりつつあるカスタマーハラスメントのようなものであれば論外です。カスタマーハラスメントは加害者にどのような理由があるにしても、社会として受け入れてはいけないことです。

カスタマーハラスメントについて明確な定義はまだないのですが、パワーハラスメントとの類似性が指摘（厚生労働省「職場におけるパワーハラスメント防止対策についての検討会」報告書内にて）されていることから、単に悪質なクレームというわけではなく、そこに働いている人の就業環境を著しく悪化させるようなものと言えます。
ちなみに日本最大の産業別労働組合であるＵＡゼンセン（全国繊維化学食品流通サービス一般労働組合同盟）が２０２０年10月に行った「悪質クレーム対策（迷惑行為）アンケート調査結果」によると、迷惑行為をしていた顧客の約75％が男性で、40歳代以上が約90％という結果が報告されています。

西洋人が罪の意識で自分を律しているのに対して、私達日本人は「恥」という価値観で善悪の判断をしていると分析したのはルース・ベネディクトです。彼女は第二次世界大戦中の研究を元に1946年『菊と刀』を発表しました。同書について賛否両論はあるものの、日本人の文化的な一面をとても特徴的に表していることは評価されています。

西洋人の罪の意識は神に対するものです。神様の教えに背くようなことをした時、そこに罪が生まれます。神は絶対的な存在だからです。

一方で日本は古来より八百万の神の国として、そこら中に神がいました。その点からして西洋の神に対する意識とはかなり違います。今の日本でも神の存在が相対的に低いので、いわば神のバーゲンセールのようなことをそこら中で見ることができます。

アイドルグループに神がいれば、顧客対応にも神がいます。挙句の果てにはポテトチップスにも神がいます。それらは全て

神○○と呼ばれています。そうしたものに対して何か罪を感じ、それによって自分を律しようという発想にはなりません。

私達は子供の頃怒られる時に「そんなことしたら恥ずかしいでしょ！」と言われますが、「神様が見ているからそんなことしちゃダメでしょ！」とは言われません。子供の頃から恥ずかしいことはしてはいけないと躾けられています。

それを裏返すかのように「旅の恥はかき捨て」という言葉があります。旅先に行けば知り合いなどいないのだから、普段はできない恥ずかしいことができてしまうことを説明したものです。

私達にとって「恥」はとても大事で、恥をかきたくない、恥をかくことは自分にとって大きなマイナスになることという文化の中で暮らしています。だから恥をかくようなことは極力避けます。

さて、ではどうして怒ることが恥ずかしいと思うようになってしまっているのでしょうか。それは「我慢」を美徳とする日本人にとって、怒りだけに限らず感情を表に出すことは我慢をしていないこと、我慢ができていないことを意味し、それは人として成長できていないことを認めることになるからです。

私は学生の頃、海外に留学しカルチャーショックを受けたことがいくつもありました。その中で特に強烈な印象として残っているのが、海外では大人が、特に男性が人目もはばからずに涙を流すことでした。

少なくとも自分の周りに人前で泣く大人はいませんでしたし、自分の目の前で大人が泣く姿をほとんど見たことがありませんでした。こんなに人って感情を表立って表現するのかとびっくりしたことを覚えています。

怒りの感情を顕にする人があまりにも多いのでアメリカでアンガーマネジメントは生まれました。皆があまり怒りを表に出さず（それは必ずしも良いことではないのですが）、衝突が多くなければアンガーマネジメントはそもそも生まれていなかったでしょう。

今でこそ日本でもそれなりにアンガーマネジメントという言葉が浸透し市民権を得てきていますが、しかしまだ多くの人にとってはなぜアンガーマネジメントが必要なのか、それほどまでに怒っていてどうしようもない人がそんなに周りにいるだろうかと思われているのではないでしょうか。

よくアメリカと日本のアンガーマネジメントの違いを聞かれることがあります。敢えて言えば、アメリカのアンガーマネジメントは直情的に怒る人に対してのもので、日本のアンガーマネジメントは怒りを抑え込み、自分の中に溜め込んでしまう人に対してのものという色合いが強いです。

怒ることは恥ずかしいこととは、少なくともアンガーマネジメントの生まれたアメリカでは考えられていません。むしろ自分の感情を表現できなければ、それは自分のことをよく理解していない人か、もしくは感情を表に出さない不気味な人というレッテルを貼られることだってあります。

日本人は微笑んでいるけど、実は何を考えているのかよくわからないと言われ、それが異文化コミュニケーションの難しさとして海外駐在員と現地の人との間で話題になることがしばしばあります。

あなたが良かれと思って怒りを表さないこと、怒りを押し殺すことは、周りからしてみれば気持ちの読めない不気味な人、意味のわからない人と思われることがあることはぜひ知って欲しいです。
子供の頃、素直になりなさいとは誰もが言われます。天の邪鬼に育ちなさいとは普通は

言われません。なぜなら素直な人の方が社会で行きていく上で適切な人間関係がつくれ、より良い人生を送れることを知っているからです。

ところが皮肉にも怒ることを恥ずかしいと思い、怒りを出さなくなることは自分の感情に素直にならないことです。素直でない人は周りから敬遠されることは、あなた自身もよく知っているはずです。

怒ることを恥ずかしいと思っているのは海外から見れば奇妙な考え方です。また自分の感情に素直になれていないことは、人から距離を置かれることにつながります。

○怒り方がわからない

怒りたくても怒れない人の中には、怒り方がわからないという人もかなりいます。怒れる人からすれば、「怒りたかったら言いたいことを言うだけじゃないか」と疑問を持たれるかもしれませんが、それができたら苦労しないというのが、怒り方のわからない人の言い分です。

怒り方がわからない人に共通していることは、上手に怒る人が身近にいたことがない、自分が怒られて嫌な思いしかしたことがない、です。そして上手に怒る人を見たことがなく、怒られても嫌な思いしかしたことがないので、どう怒ればいいかわからないと思っています。

まず「上手に怒れる人が身近にいたことがない」ですが、こういう環境に身を置いてしまっている人はとても多いです。多様性の時代と言われてはいますが、実際のところは自分がいる家族、学校、職場、地域には似た人が集まる傾向にあります。すると怒り方が上

手でない人が集まっていても不思議ではありません。

その集まりでは怒り方の下手な人が下手な怒り方で怒り、怒られた方は嫌な思いをするという、悪循環が起きています。

その集まりではどういう怒り方が上手なのか誰にもわからないので、今の怒り方が悪いとも思わず、また改善されるきっかけすらなく、下手な怒り方がそのままスタンダードなものとして当たり前になっています。

その環境の中にいると、周りから見た時に何がおかしいのか、間違っているのか当人達は気づきません。仮に誰かから、それはおかしいよと指摘されたとしても、自分の常識が間違っていることに気づくのにはとても時間がかかります。

多くの人は自分の常識が間違っているとは思っていませんし、思いたくもありません。否定されればされるほど、逆に殻にこもってしまい周りを見ないようにします。なぜなら、自分の常識が間違っているようなことが本当にあったら、そんなことを受け入れるのは困るからです。

子供の頃は自分の家のルール、しきたりみたいなものは当たり前であって、何の疑いも持ちません。ところが大人になり、よその家の話を聞く中で、実家のルールが実は相当に変わっていたと気づくことがあります。「実家の謎ルール」の話は大人になってからよくでる話題の一つです。実は自分の家族がとんでもなく変わっていたという経験がある人は、意外な程多いのではないでしょうか。

　では自分の常識がおかしいということにどうすれば気づけるのかと言えば、自分が普段いる集まりとは別の集まりと交流することです。

　自分以外の家族の話を聞いて、自分の家族のルールがおかしいかったことに気づきます。会社であれば、他の会社の事情を聞くことで、自分が働いている会社の常識がおかしいことを知ります。

怒り方がわからないと思っているあなたは、上手に怒れる人が当たり前にいる集まりから遠いところにいました。だから怒り方がわからなくても仕方がありません。むしろ怒り方がわからないと思っているのは、とても謙虚でバランスのとれた感覚の持ち主です。その感覚をこれからも持ち続けることは、何か新しいこと、今までとは違うことを学ぶ上でとてもプラスに働きます。

自分の怒り方は間違っていない。自分の怒り方は正しく、疑うところがないと思っている人も世の中にはたくさんいます。

そうした人達は誰かを傷つけ、自分自身でも何かうまくいかないなと思いつつ、特に改善することもなくずっと同じように怒り続け問題を作り続けます。塵も積もれば山となるではないですが、小さな問題の積み重ねはやがてどうにも解決できない大きな問題になるでしょう。それは本人、周りの人にとってとても残念なことです。

○怒っても仕方がないと思っている（怒ることを諦めている）

怒れない人の中には「怒ってもどうせ聞いてくれない」「言っても無駄」「怒ったって良いことなんか何一つない」と思っている人がいます。こう思ってしまっている一番の原因は、残念ながら怒り方が下手だったからです。

これまでに何度も怒ったことがあるのに言うことを聞いてもらえなかった、伝えたいことが伝わらなかった、或いは思いがけず反発をされてしまった等々、怒ったことによってネガティブなフィードバックばかりを受けたことのある人は、怒ってもいいことなんて何もないと思っています。だから怒っても無駄だと思い、怒ることを諦め、怒れなくなっているのです。

このタイプの人も実は先程の怒り方がわからない人と似ていて、近くに上手に怒る人がいなかったことで、上手に怒られることで人がより良くなっていく姿を見たことがありません。

自分自身も怒られることで前向きな気づきがあったり、怒られることで愛情を感じたり、自分の成長の伸びしろを感じられるといったことを実体験として感じたことが、ほとんどありません。

怒られることは自分が悪いことをして責められる時であり、嘘や誤魔化しをしてでも怒られることから逃げた方がいいと心に刻まれています。

もちろん、怒ることがすべて愛情をもって行われるとは言いませんが、愛情があるからこそ、真剣に怒ることで相手に伝えようとすることはいくらでもあります。親子、友人、上司部下の関係ではよくあることです。

どうでもいい相手であれば怒ることさえしません。正しく怒ることは相手に期待をしていることの裏返しでもあります。「愛の反対は憎しみではなく無関心」とはマザー・テレサの言葉です。

怒ることで物事が好転する、或いは人が良い方向に進むことは例を挙げるまでもないでしょう。人は子供の頃から怒られることで何が間違っているのか、正しいのかの判断をつけたり、自分の考えや行動が自分の人生だけでなく他の人生にもどのよ

うに影響を及ぼすことがあるのかを学びます。

怒っても仕方がないことはないのです。怒ることを諦めないでください。怒らなければ物事が変わらないことはいくらでもあります。怒ることで現状を変えることができます。また怒ることで相手の人生を好転させることだってできるのです。

これまでそれができていなかったのは、怒り方が上手ではなかっただけです。怒り方は練習すれば誰でも上達します。怒ることを諦めてしまっている人は、これまで十分に怒る練習をしていません。今からでも全く遅くはありません。本書で正しく怒ることを練習していきましょう。正しく怒れるようになれば、怒ることで相手から感謝もされるようになります。

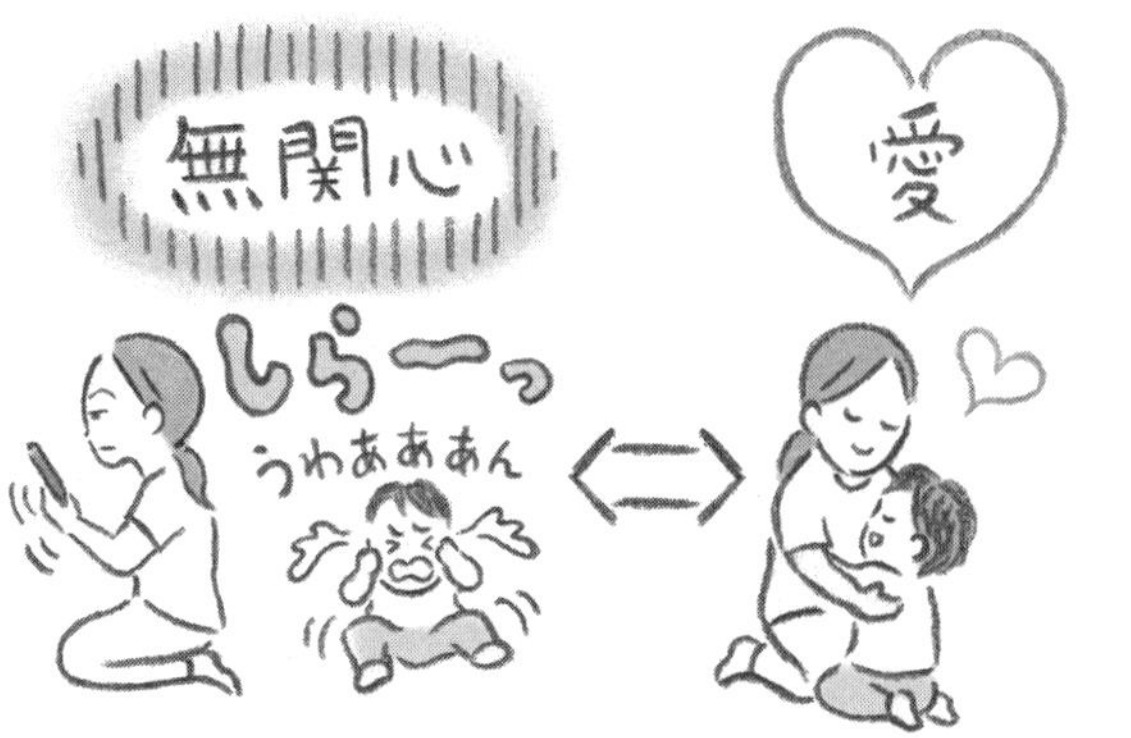

○間違えたくない

これも怒れない人がよく思っています。完璧主義と人から言われたり、自覚のある人はよりこう思う傾向があるのではないでしょうか。

誰だってできればいろいろなことで間違えたくないものです。でも全く間違わずに生きていくことなどできません。そもそも「間違う」とは一体何でしょうか。間違うことを恐れるからには正解があるはずですが、常にあらゆることについて正解はあるのでしょうか。

足し算であれば1＋1は2です。これが正解です。1＋1の回答を3と答えれば、それは間違いです。でも算数のように明白な答えがあることは人生ではなかなかありません。そんなにクリアカットにあらゆる物事の正しい、間違いが決まるわけではないことは薄々以上にわかっていると思います。でもやはり「間違えたくない」という気持ちがむくむくと積乱雲のようにどこからか湧き上がってきます。

なぜ人は間違えたくないと思うのでしょうか。それは自分に自信がないからです。自分に自信がない人は間違えることで、さらに自分が自信を失うと思い込んでいます。簡単に自信が崩れるとも思っているので、小さな失敗もしたくありません。それが大きな失敗になると思えば、怖くて仕方がありません。

　自信がある人は仮に間違えたとしても、自分の非を認め素直に謝ることができます。変に誤魔化すことをしなければ、非を認めずに逆ギレするようなこともありません。なぜなら、それくらいのことで自分の評価が下がるとは考えていませんし、非があるなら謝ろうと思える度量があるからです。そしてその度量があるからこそ人から評価され、さらに自信を深めることができる好循環の中にいます。

　一方で自信のない人は、好循環とは真逆とも言える悪循環の中に身をおいています。自信がないから間違えたくない、仮に間違えて、そのことを責められたくないので頑なな態度をとって非を認めない。非を認めないことで、周りから冷たい目で見られることに耐えられないので、より頑なに自分には非がないと言い聞かせる。冷たい目で見られると周りからは関わるのが面倒くさい人というレッテルをはられる。そんなレッテルをはられていることを知ってさらに自信をなくす。といった具合です。

このタイプの人が怒れるようになるには、自分に自信を持てるようになることです。自分に自信を持つことは、いわゆる自己肯定感を高くすることなのですが、自己肯定感が低い人が自己肯定感を高くするのは容易ではありません。ただ方法はあります。どうすれば自己肯定感を高くすることができるかは第4章で詳しく説明しますが、自己肯定感を高めるコツは自己肯定感を無理に高めようとしないことです。

自己肯定感が低い人が自己肯定感を高めようとすると大体の場合、最初は上手くいきません。物事が最初からスムースに上手くいくことなんてないと思えればいいのですが、自己肯定感が低いと、上手くいかないのは自分がダメだからだとさらに自己肯定感を下げてしまいます。

自己肯定感は上げるものではなく、結果としていつの間にか上っていたという方がうまくいきやすいものです。

○自分に自信がない

自己肯定感の低い人は結局のところ自分に自信がありません。自信がないので、怒ったところで相手がこちらの言うことを聞いてくれるとは思っていません。思っていないので怒ることができないのです。

自信がない人に聞きたいのですが、では逆に自信満々の人が怒ったとして、必ず相手は聞いてくれるのでしょうか。むしろ自信満々な人は傲慢に怒ることもあり、かえって相手から反発を受けたり、鼻持ちならないと耳を傾けてもらえないかもしれません。

自分に自信があるからといって、何でも思い通りに行くとは限りません。むしろその自信が周りの人にとっては面倒くさいもの、扱いにくいものとして映り、距離をとられることはよくある話です。

自分に自信がないから怒れないと思っている人は、自信がないから怒れないのではなく実は謙虚さが足りないのかもしれません。

謙虚な人は一般的に言って評判の良い人です。謙虚な人の言うことだから聞いてみようと思われることだってあるのです。高慢な人よりも謙虚な人からの方が話はすっと入ってきます。

自分に自信がある人でも謙虚な人はいます。一方で自分に自信がなくても謙虚ではない人もいます。謙虚な人は自分の立場を差し置いて相手の話を聞ける人、相手の立場を尊重できる人です。

自分に自信があり高慢な人が相手の立場を慮らなかったり、上から目線で言う姿は簡単に想像ができます。

では自分に自信がない人が謙虚かと言われれば、そんなことはありません。自信がないことと謙虚さはイコールではありません。

謙虚な人は相手の意見に耳を傾け、必要に応じて受け入れることができます。ところが自分に自信がない人は、相手の意見やアドバイスが正しいのかどうかで迷います。またそれを受け止めることについても、正しいことなのか自信が持てません。結果、相手の言うことを全く聞かない、受け止めな

いことになります。

そして自分が相手の意見に耳を貸すことができない言い訳を並べます。これでは相手から謙虚な姿勢の人とは思われることはありません。

謙虚であることは自分を偉い人と思わないのはもちろんのこと、自分を卑下することもなく、素直に学ぶ気持ちがあることを意味します。

あなたが怒れないのは自分に自信がないからでしょうか。それとも実は謙虚ではないからでしょうか。苦しい問いになりますが、自分を振り返ることも必要です。

○責任をとりたくない

怒ることには責任が伴います。そんなことを考えずに好き勝手に感情の赴くままに怒っている人もいますが、真面目な人ほど怒ることで相手に与える影響について考えてしまいます。怒ることで相手に与える影響は、プラスなものもあればマイナスなものもあります。

プラスな影響といえば相手の成長を促したり、間違いに気づいてもらったり、こちらが大切にしているものや真剣さが伝わることです。

一方でマイナスな影響は、相手を萎縮させてしまったり、怖がらせてしまったり、本来やりたかった選択をやめさせてしまったり、人間関係が悪くなったりといったことが挙げられます。

中には怒ることで相手の選択肢、将来の可能性を奪ってしまうかもしれない、そしてそのことで自分が責められるのではないかと無意識のうちに考えてしまい、そん

な責任はとりたくないと思ってしまう人がいます。

人は怒られることでやる気を出すこともあれば、やる気をなくすこともあります。私は中学生時代がそうでしたが、あることで怒られると反発心から余計に反抗するようになりました。部活でも怒られることで頑張ろうと思うのではなく、「そんなことを言われるなら辞めてやる」と自ら選択肢を捨てていました。

自分のせいにはしたくないので、担任が悪い、親が悪いと更に意固地な態度をとったり、先生や親の意向に沿わないようなことを敢えてしていました。

私がそういう態度をとったことで少なからず先生や親は罪悪感を持ったことでしょう。もしかしたら自分の怒り方が悪かったのではないか、もっと他の言い方があったのではないだろうか、もしこの子がこれをきっかけに悪い方向に行ってしまったらどうしよう等々。また自分のことをダメな怒り方をする人として責めたかもしれません。

私がそういう態度をとったのはまさに罪悪感を持たせるためであり、それは成功していたと言えます。そう思わせることで自己満足に浸っているところもありました。もちろんその思い込みは全く意味のないものどころか、不健全で幼稚な考えでしかないのですが、当の本人はそんなことは考えもしません。

大げさに言えば、怒ることは相手の人生に大きな影響を与える責任を伴うことです。上手に怒ることができれば、怒ることでプラスな影響をたくさん与えることができます。一方で怒り方が下手であれば、怒れば怒るほど相手にはマイナスな影響を与え続け、二人の間の関係はどんどん不健康なものとへとエスカレートしていきます。

怒ることから逃げるのではなく、上手に怒れるようになることで、怒る側も怒られる側もプラスなものを多く得られるようになっていきましょう。

○怒りを怒りだと感じていない

本当は怒っているのに、自分では怒っていないと感じている人が一定数います。周りから見れば、明らかに怒っているのに自分は怒っていないと言い張る人。イライラしているにも関わらず、イライラは怒りの範囲に入るとは思っていない人等。

「怒り」は私達が便宜的に感情につけているラベルでしかありません。本来、怒りは身体の状態を示します。怒りに限らず、感情が生まれることで様々なホルモンが放出されます。怒りであればアドレナリン、コルチゾールといったホルモンです。感情はいわば身体がホルモンを出すための命令です。

感情は体温のように数値ではあらわれてはきませ

ん。感情は自己申告でしかないのです。自分が怒っていると言えば怒っていることになるし、喜んでいると言えば喜んでいることになります。

そして、その怒り、喜びといった感情は人によって指しているものが微妙に違います。なぜなら感情はとても幅が広いものだからです。

例えば、怒りを表す言葉としては、怒る、頭にくる、腹が立つ、イライラする、カリカリする、むっとする、カチンとくる、ふくれる、つむじを曲げる、へそを曲げる、角を出す、むしゃくしゃする、目くじらを立てる、色をなす、腹にすえかねる、プリプリする、怒り心頭に発する、逆鱗に触れる、怒髪天をつく、逆上する、腸が煮えくり返る等々といったものが挙げられます。

怒りを表す熟語としては、激怒、憤怒、憤激、憤怒、激昂、激高、癇癪、立腹、怒気、憤慨、慷慨、憤懣、怨念、反感、痛憤、私憤、公憤、義憤、鬱憤、怨嗟、怨恨等といったものが挙げられます。

あなたは普段、どれくらいの表現を使って自分の怒りを言葉にしているでしょうか。或いは言葉にしないまでも、自分の怒りにつける言葉は何種類持っているでしょうか。こうした感情を表現する言葉を多く持っていればいるほど、自分の感情を正確に表現することができます。

逆に言えば、感情を表す言葉の数が少ない人は、自分の感情を正確に表現することが得意ではありません。正確に表現できないから怒れないという側面も否めません。

あなたが使う「腹が立つ」とあなたの家族や友人が使う「腹が立つ」は全く同じものでしょうか。喜怒哀楽の中で言えば、間違いなく「怒」ですが、果たして全く同じ感情を指しているのかはわかりません。例えば、同じレベルの強さで怒っているのか、今目の前のことだけを言っているのか、怒っている時間の長さや頻度などで比べた場合、どの程度同じなのかということです。

これはどうやっても確認しようがありません。なぜなら感情は体温、血圧と言ったものと違って正確に数値で測ることができないからです。そのためあなたが使う「腹が立つ」とあなたの周りの人が使う「腹が立つ」はかなり似た感情ではあるけれど、全く同じものではありません。このように人によって自分の感じている感情は言葉で表そうとすると微妙に違ってくるのです。

話は少し逸れますが、「痒い」と「痛い」は同じものでしょうか。似たようなものと感じる人もいれば、この2つは全く別のものと考える人もいるでしょう。一般的には痛みの神経が感じる弱い痛みが痒いです。

痒いと痛いを全く別のものと考えている人にとっては、軽い痛みを痒いとは言わず、それはあくまでも軽い痛みです。痒さは全く別のものととらえているからです。ところが、医学的には軽い痛みを痒いと言い換えたとしても、大きな間違いにはなりません。

怒りの感情でも似たようなことがあります。自分にとっては怒りとは思っていない感情が、一般的には怒りであると思われていることがあります。例えば「呆れる」です。あなたが「呆れる」を使う時、そこに怒りはあるでしょうか。

呆れると怒りは全く別のものという人もいます。一方で軽い怒りを呆れると表現する人もいれば、怒りを通り越してもう何を言っていいのかわからないくらいの状態を呆れると言う人もいます。

呆れると軽い怒りとして表現する人もいれば、強い怒りを呆れると表現する人もいるのです。呆れると怒りを全く無関係なものと捉えている人にとっては、呆れるという感情を持った時に、それが怒りとは露とも思いません。

私が代表理事を務める一般社団法人日本アンガーマネジメント協会で以前働いていたスタッフは仕事でアンガーマネジメントを理解するうちに、実は自分が結構怒っていたことを知ったと話していました。彼女はアンガーマネジメントを理解する前は、自分は怒りをほとんど感じないと思い込んでいました。

ところが協会で仕事をする中でアンガーマネジメントの知見や寄せられる様々な相談、悩みなどを通じて、実は怒りではないと思っていた感情が本当は怒りであったことを理解するようになったのです。

例えば「何でそんなことをするんだろう？ 鬱陶しいな、もう！」と思っていたとして、それは自分にとって嫌なことであることは当然感じてはいたのですが、そこに怒りの感情が隠れているとは思ってもみなかったのです。

自分の感情に鈍感な人、或いは敢えて自分の感情を押し殺そう、抑圧してしまおうと思っている人は自分が本当のところ、どのような感情を感じている

のか長年の癖から気づきにくくなっています。

特に怒りは悪い感情として感じてはいけない、人前に出してはいけないと思ってしまうと、自分が怒りを感じたとしても、悪い感情を感じている自分を認めることができず、なかったことにしようとします。そんなことをしていれば心身ともに健康でいることが非常に難しいことは言うまでもありません。

自分の感情に気づき、向き合うことに躊躇わないで下さい。あなたの感情は、仮にその感情があなたにとって愉快ではないものだとしても、大切なことは何かをあなたに気づかせるサインです。

○怒っている人を見ると怖いと思う

怒ることに恐怖感を感じる人がいます。怒られることではなく、怒るという行為そのものについてです。自分が怒られることに恐怖感を感じるのはもとより、自分が怒ることについても恐怖感を感じます。怒りという感情について嫌悪感を持っているといってもいいでしょう。

その恐怖感は合理的に感じているものではなく、どちらかというと生理的に感じているものです。生理的に感じているものなので、本人はなぜ怒りに恐怖感を持っているのか上手く説明ができません。

このタイプの人は子供の頃に怒られて嫌な思いをした記憶が強いのでしょう。周りに上手に怒る人がいなく、怒る、怒られることについてポジティブな体験をしたことがありません。

そのため自分が怒られていなくても、怒っている人を見ただ

けで怖いと感じます。そこが恐怖のある場面、怖いことが起きている現場と見てしまうからです。自分とは全く関係のない人が怒られていたとしても、あたかも自分がそこにいて怒られているかのような感覚になります。

怒っている人を見て怖いと思う人は、自分から怖いことはしたくありません。つまりそれは自分が怒ることとです。もし誰かに怒るとして、自分が怒っている側にも関わらず、その場面を怖いものとして見てしまいます。怖い場面なのでそこに居たくないのです。

自分が怒ることは自分がいるに耐えられない場をつくることになります。わざわざ自分からいたくない場所をつくる人はいません。

確かに怒りは怖いものかもしれません。でも怒ることによってその場が良くなることもあります。

例えば、喧嘩をすることで、初めてお互いに本当に言いたかったことが言えることもあります。先にも書きましたが、怒ることで自分の大切なものを守ることができるのです。怒ること、怒りがある場面を楽しめるようになりましょう、とまでは言いません。ただ、怒りについて不要な恐怖心を持つ必要はありません。繰り返しになりますが、怒りは私達に備わっている自然で大事な感情です。

3章

何のために怒るのか

怒ることに苦手意識を持っているあなたが怒るためには、まずは自分がどう怒りたいのか、どう怒れれば満足できるのかイメージできるようになるところから始めましょう。

つまり怒ることで持つことができるプラスなゴールイメージです。このイメージを持たないままに怒ったとしても、ゴールを決めていないので、怒ったことが上手くいったのかどうかがわかりません。仮に上手くいっていたとしても、ゴールを決めていなかったので、感じなくていい釈然としない気持ちを感じてしまったり、上手くいったはずなのに自分では上手くいかなかったと悪い評価をしてしまうことがあります。

今あなたは怒った後でお互いにプラスになるイメージが持てていません。嫌われてしまうかもしれない。雰囲気が悪くなってしまうかもしれない。もしそうなったらどうフォローしてよいのかわからない。「であれば多少自分は辛くても我慢すればまるく収まるか。あぁでも何だかモヤモヤするな」といったマイナスなイメージばかりが浮かびます。

怒ることについてプラスなイメージが持てるようになれば、今よりも怒ることがしやすくなります。ではプラスなイメージとはどのようなものかです。

怒ることのプラスは、例えば真剣さが伝わる、間違いを正すことができる、実は人間関係を深めることができるといったものが挙げられますが、おそらくこうしたプラス面を聞いたとしても、頭では理解できるものの今一つピンとこないのではないでしょうか。

それは無理もありません。そのような経験を実体験としてしたことがないので、怒ることのプラス面をリアルに感じることができないからです。

そこでここでは怒ることのプラス面について、もっと簡単にイメージできるようになるためにこう考えてみてください。

どう怒れたら満足するか？

あなたが怒った後でどうなれば満足したことになるかです。怒った後でどうであったら気持ちがいいかと言い換えてもいいでしょう。これならどうでしょうか。単純に怒った後で自分がどう気持ちよくな

ればいいかということであれば、理屈抜きにしてイメージすることができるのではないでしょうか。

ただ、ここで注意が一つだけあります。気持ちいいといっても、それが独りよがりで相手を傷つけても構わないといったものにはならないようにしましょう。

例えば気持ちがいいを「自分の思うがままに言いたいだけ言いたいことを言えて、相手が謝ってくれて泣いてくれたら気持ちがいい」としたとします。しかしこれではただの憂さ晴らしです。こう考えている限り本当の意味で怒った後に気持ちよくなることが遠のきます。

なぜなら、独りよがりの気持ちよさは相手から反発されたり、距離をとられたりすることになるので、自分一人が気持ちがいいと思ったところで良識のあ

る人であれば違和感を感じずにはいられなくなるからです。

怒った後で気持ちがいいと感じるためには、自分も怒られた側も何だかよくわからないけど明るく考えることができるな、引きずらないな、心にダメージがないなと思えるようなイメージができるようになりましょう。

では感情のままに怒ってスッキリしたい、気持ちよくなりたいと思わないためにはどうすればいいかと言えば、「気持ちよさ」に種類があることに気づくことです。

気持ちよさには短期的な快楽もあれば、長期的な幸福感もあります。当然のことながら、ここで目指したい気持ちよさは長期的な幸福感です。

短期的な快楽の代表例といえば疲れている時にチョコレートのような甘いものを食べる、ストレス発散に買い物をする、気を紛らわせるためにアルコールに頼る、一攫千金を夢見てギャンブルにはまるといったものが挙げられます。言うまでもなく短期的な快楽から得られるイメージはマイナスなものばかりです。

マイナスなものとはわかっていても止められないものが多いですが、それはこれらのものは快楽が強いからです。快楽はドーパミンというホルモンが関係していることが知られています。世の中には刺激が強くドーパミンをいっぱい出させるようなもの、快楽を得やすいものが溢れています。人は快楽に弱いことを知っているので、企業は商品、サービスを買って欲しいがために快楽の強いものを提供しようと誘惑してきます。

快楽は長続きしないので、次から次に快楽が欲しくなるのも特徴です。一つの快楽が終われば、すぐにまた次の快楽が欲しくて仕方がなくなるのです。人は何かに渇望している時、何かが足りないと思っている時、それを手に入れたいと強欲になったり、攻撃的になったりすることがあります。快楽の虜になっている人に心の平穏はなかなかやってきません。

何かの快楽依存症の人にそれを止めるように言っても返ってくるのは、なぜやめなければいけないのか、止めることができたら世話がないという反発です。自分自身でもどこかで良くないこととは知っているので、その快楽を求めることに罪悪感を感じています。その罪悪感を見たくない、罪悪感を突かれたくないから反発することで自分に非がないと自分に思わせたいのです。

一方で長期的な幸福感で言えば、信頼できる人間関係の中にいること、見返りを求めない愛情を注いだり注がれていると感じていること、自分が価値ある存在と自分で認められていること、自分の意思で何かを選んだり決めたりすることが自由にできていること等が挙げられます。

どれもお金で買うことはできません。また今すぐにインスタントにこれらのものを手に入れることもできません。でもこうしたものがあれば心が安らぎ平和でいられ、人にも優しくできることを私達は知っています。

短期的な快楽を追い求め振り回されている人よりも、長期的な幸福感の高い人の方が楽に生きていることは想像に難くありません。

どう怒れたら長期的な幸福感が得られるのか?

この質問を常に考えるようにしてください。自分にとって長期的な幸福感がどのようなものであるの

か今すぐわからなくても全く問題ありません。多くの人にとって難しい問題です。ただ、考えていなかったこれまでよりも、考えていくこれからの方が答えを見つける可能性は遥かに高いです。

ある日突然天啓が降りたように、自分にとって本当の意味での幸福とはこういうものかと閃く日がやってきます。

○ 怒り上手はリクエスト上手

そもそも怒ることは何のためにするのでしょうか。怒ることは相手をへこますことでもなければ反省させることでもありません。ましてや相手の心にダメージを負わせ、立ち直れなくすることでもありません。また自分の気持ちの発散やストレスをぶつけることでもありません。

怒ることはシンプルに相手に今どうして欲しい、これからどうして欲しいかリクエストを伝えることです。そしてそのリクエストは相手が理解しやすく、すぐに行動に移しやすいものになっていることが必要です。

私達はこれまでにどう怒ればいいのか家でも学校でも習ったことがありません。ほとんどの人は習ったことがないので上手に怒れません。習ったことのないものが上手にできないのは何も怒ることに限ったことではありません。スポーツ、楽器、料

理、プログラミング、ゲーム等だって教わらなければなかなか上達はしません。もちろん独学で上達する人もいますが、そのタイプの人は少数派と言ってもいいでしょう。

今は上手に怒れなくてもこれから習えば誰でも上達するものです。これから始めて遅いということはありません。

怒るからには相手に何かして欲しいことがあるなんて当たり前じゃないかと思われるかもしれません。もちろん本人は当然相手に何かをして欲しいと思っています。ところが相手に具体的に何をどうして欲しいのか伝えられているかと言えば、残念ながらそんなことはありません。

ではほとんどの人が怒っている時にリクエストを上手く伝えていないとすれば、一体何を言っているのでしょうか。多くの場合、そもそもリエクストがないか、もしくは無茶なリクエストになっています。

リクエストがないままに怒るなんて、逆にどう怒っているのか不思議に思われるかもしれません。ところがリクエストなく怒っている人はよく見かけます。

「なんでできない⁉」

「なぜ言わなかったの⁉」
「どういうつもりだ⁉」
「そんなこと言うなんて一体どんなつもり⁉」
「おかしいんじゃないか⁉」 etc.

こんな台詞を口角泡を飛ばしながらものすごい剣幕で怒っている人を見たことがあるのではないでしょうか。これらの台詞にはリクエストが入っていません。入っているのは信じられないという驚きと質問です。質問は詰問といってもいいでしょう。

いやまあ言葉通りに受け取ればそうだけど、実際はリクエストが入っているじゃないかと思う人もいるでしょう。例えば「なんでできない⁉」であれば、リクエストは「言った通りにやれ」であるというわけです。

残念ながらそれは強弁でしょう。「なんでできない⁉」と聞いている訳ですから、どうして欲しいかよりもできないことに驚いていて、その理由がわからないと質問をしているのです。

このような台詞で怒る人は相手が言うことを聞いてくれない、理解してくれないと嘆きます。相手がリクエストを聞いてくれないのは当然のことで、なぜなら相手に理解できるようにリクエストを伝えていないからです。

このような質問の仕方、怒り方をしておいて、リクエストを察しろというのは怒る側の横暴でしかありません。

「なんでできない⁉」と怒られたことのある側からすれば、「そんなこと言ったって、今からどうすればいいんだろうか？」というのが本音です。一応できなかった理由は言うものの、それはその場から逃れたい一心で考えた言い訳であって本心ではありません。

そして怒る側に対して「なぜはっきりとこうしろと言わないのだろう？」と不信感と不満を持ちます。中には「そんなに言うなら自分でやれよ」と毒づく人もいるでしょう。怒られる側がそう思っているようでは、怒る側のリクエストはまず伝わらないし、聞いてもらえることはありません。

無茶なリクエストとはリクエストは一応あるものの、そのリクエストをきくことが無理だし無茶である場合です。

例えばカスタマーセンターで怒るお客さんに向かって「ではどうすればご満足いただけますでしょうか？」と聞いた時、「それを考えるのがお前の仕事だろうが！」と怒鳴られるケースです。

リクエストは「お前が考えろ」です。このリクエストも無茶があります。何をもってお客さんが満足するのか自分でもわかっていないので、企業がどう対応しようとも満足することがないからです。自分でリクエストを考えることを放棄して、自分が満足するように相手に考えろと求めるのは、これまた怒る側の横暴です。

親が子供を心配して怒る時、「お母さんがどれだけ心配しているか、わかってるの⁉」とよく言います。

この台詞はリクエストではなく質問ですが、この裏に隠れているリクエストを百歩譲って察すれば、リクエストは「お母さんの気持ちをわかりなさい」です。これも無茶なリクエストの典型です。

気持ちをわかりなさいというリクエストでは、どうすればリクエストをきいたことになるのか誰にもわかりません。怒られた子供が「そんなのわかってるよ！」と返せば、お母さんは返す刀で「あんたはわかってない！」とさらに怒ります。

お母さん自身がどうすれば自分の気持を理解されたことになるのかわかっていないので、リクエストが届くことはありません。

このようにリクエストがないまま、あるいは無茶なリクエストで怒る人は欲しいものが何一つ手に入らないのです。

怒るのが上手な人は相手にリクエストを伝えることができ、相手がそれに応えてくれるので欲しいものを取りこぼすことなく手に入れることができます。

○リクエストを具体的にする4つの視点

では上手にリクエストを伝えるためにはどうすればいいかです。上手なリクエストをするためには次の4つの視点を考えます。

❶いつまでに
❷何を
❸どの程度
❹どうして欲しい

まずはあなたがして欲しいと思うことリストを挙げます。最初の時点では思いつくままに挙げてみましょう。この時点でこれは無理とか、これは少し厳しいかなということを考える必要はありません。そうしたチェックは後で行いますから心配不要です。

思いつくままにして欲しいことリストを挙げたら、次にそれらのリクエストが無茶なものになっていないかチェックします。その時のチェックポイントは「いつまでに」「何を」「どの程度」「どうして欲しい」が具体的になっているかです。具体的とは誰から見ても、あぁそうだよねと思えるレベルになっているかです。

相手がリクエストに応えるとして、いつまでに何をどの程度のことができていれば、あなたが満足するか、あなたが独りよがりな満足ではなく、お互いに長期的に見て幸せなものと言えるかです。

この「いつまでに」「何を」「どの程度」「どうして欲しい」が誰の目から見てもわかりやすく妥当なものでないと、そのリクエストが無茶なものとして見られても仕方がありません。ここでは実際のケースで考えてみましょう。

あなたが中途採用の社員の面倒を見る担当になりました。仕事を覚えてもらうべく毎日ＯＪＴをしています。ところが、あなたの期待通りに相手が仕事を覚えてくれているとは思えていません。あなたとしては仕事を一日も早く覚えて欲しいと思っています。今朝も昨日頼んでいた仕事に初歩的なミスがあることがわかり、またそれが同じミスの繰り返しだったこともあり、ついにあなたは怒ることにしました。ここであなたはどう相手にリク

エストを伝えればいいのかを考えます。

まずはとにかくして欲しいことリストを挙げます。一番目に思いついたのは「仕事を早く覚えて欲しい」です。二番目には「初歩的なミスを繰り返さないで欲しい」、三番目には「次回の書類では誤植ミスをゼロにして欲しい」をあげたとします。まずは最初の「仕事を早く覚えて欲しい」から見ていきましょう。

「いつまでに」は気持ちとしては「早く」に表れています。早く覚えて欲しいという気持ちはわかるのですが、早さはとても主観的なもので、人によっていつが早くになるのかはまちまちです。いつまでには「月末までに」といった期日や「次回」という機会を入れることで具体的になります。

「何を」は「仕事」です。ただ仕事と一言に言っても非常に幅が広いので、一体どの仕事の何のことを指しているのかよくわかりません。「何を」が何を指すのかはかなり限定的に言う方がいいです。限定することでミスコミュニケーションを防げます。今回のケースであれば、怒られる側からすれば全部仕事ができないと言われているかのように思え、それはとても大きな不満を感じることになるでしょう。

「どの程度」は入っていません。どれくらいのことをしたらOKになるのかがこれではわかりません。すると怒られる側は自分なりにやっているのになぜ怒られるのかと疑問を感じ、リクエストが伝わりにくくなります。

「どうして欲しい」は「覚えること」です。確かに覚えて欲しいということなのでしょうが、何をもって覚えたことになるのかよくわかりません。これも具体的ではなくかなり主観的なものと言えます。

チェックポイントに照らし合わせる限り「仕事を早く覚えて欲しい」はリクエストとして成立していないことがわかり、このまま伝えるのは得策とは言えません。より具体的に言わなければリクエストが伝わりません。

次は二番目の「初歩的なミスを繰り返さないで欲しい」を見てみましょう。「仕事を早く覚えて欲しい」よりもやや具体的になっているように見えますが、実際はどうでしょうか。

「いつまでに」は入っていません。期日や期限となるものがありません。いつまでにミスをなくせばよいのでしょうか。

「何を」は「初歩的なミス」です。先程の仕事と比べるとやや限定的にはなってきていますが、初歩的なミスが一体どのようなものであるのかまだ判然としません。もう一歩踏み込んで具体的に言いたいところです。

「どの程度」はおそらく今後ゼロにして欲しいということなのでしょうが言葉としては入っていません。

「どうして欲しい」は「繰り返さないこと」です。これは具体的で明確です。

今度は三番目の「次回の書類では誤植ミスをゼロにして欲しい」です。だいぶ具体的なリクエストになっているように見えますがどうでしょうか。

「いつまでに」は「次回」と明確です。

「何を」は「書類での誤植ミス」で、これも明確です。

「どの程度」は「ゼロ」と具体的な数字が入っています。

「どうして欲しい」はいつまでに、何を、どの程度が具体的であるので、どうしなければいけないのかが明確になっています。

以上を見ると「次回の書類では誤植ミスをゼロにして欲しい」まで言えると、リクエストは具体的で誰の目からも明らかです。ここまで言えるとリクエストとしては相手にも伝わりやすく理解されやすいものになっているので上手なリクエストと言えます。

怒ろうとする度にこんなことを考えていたら、余計に怒れなくなってしまうのではないかと心配する気持ちもわかります。その一方でこのようにリクエストを具体的に考えて怒らないと、怒った後にマイナスの手応えを感じることになり、それでまた怒るのが嫌になってしまったり、怒るのを躊躇してしまいます。

怒るのが上手でないから、怒った時にマイナスのフィードバックを受け、さらに怒れなくなるという負のループから抜け出したいのです。

最初のうちはこうしてリクエストを整理して考えるのが億劫だし面倒に感じるかもしれませんが、急がば回れ、急いては事を仕損じるの諺の通り、怒る前にリクエストを整理した方が怒った後にプラスに働くことを理解しましょう。

して欲しいことリスト	チェックポイント	
●仕事を早く覚えて欲しい	いつまでに	NO
	何を	NO
	どの程度	NO
	どうして欲しい	NO
●初歩的なミスを繰り返さないで欲しい	いつまでに	NO
	何を	YES / NO
	どの程度	NO
	どうして欲しい	YES
●次回の書類では誤植ミスをゼロにして欲しい	いつまでに	YES
	何を	YES
	どの程度	YES
	どうして欲しい	YES

◯上手に怒れている理想の人を探す

リクエストを具体的にする4つの視点を通して、どうすれば上手なリクエストが出せるのかイメージが以前よりも具体的になったと思います。次は上手に怒っている人を見ることで、どのように怒れたら理想の姿に近づけるのかを考えてみましょう。

つまり自分のロールモデルを探します。ロールモデルとは自分がお手本にすべき考え方や行動をしている人のことです。

特に難しく考える必要はなく、こんな人になってみたい、こんな人に憧れるという人を探すだけです。探す人はただ憧れる人ではなく、今回は上手に怒れている人に限定しましょう。

ロールモデルになる人は身近にいて、その人の考え方、行動などを普段から観察できる人が望ましいです。これからあなたはその人の考え方、ふるまい、使っている言葉などできる限り真似をしてみます。そのため身近にいた方がその人に接する機会が多く、学べるチャンスが多いからです。

ロールモデルになる人を見つけたら、普段からその人のことを観察しましょう。特に怒る前、怒っている時、怒った後に注目です。

それぞれの場面で何か特別なことをしているのでしょうか。それとも普段と全く表情も変えずにいるのでしょうか。自分ができないと思うこと、逆にこれなら割とすぐに真似られるといったことはないでしょうか。そう思う理由は何でしょうか。

また普段からどのようなコミュニケーションをとっているかもよく観察しておきましょう。怒り方の上手な人は普段からの人間関係に鍵があります。人間関係の良い人は必然的に怒り上手になります。なぜなら人間関係の良い人から怒られるのと、人間関係の悪い人から怒られるのとでは、同じ内容だったとしてもメッセージの受け取り方が大きく変わるからです。

もしどうしても今身近にそうした人がいないということであれば、過去にいた人でも構いません。ただその場合、こういう場面ではどんな風に行動していたのか、怒る時にどん

ロールモデルのチェックポイント

真似できそうなところとその理由	真似しにくそうなところとその理由
例：１対１で怒ること。１対１の方が皆でいる時よりも時間をとって話すことができそうだから。	例：その場ですぐに怒ること。考えが整理できず、どう伝えればいいのかすぐにはわからないから。

な表情でどのような言葉を使っていたのか、怒った後で何か言葉をかけていたのか等、その人のことをよく思い出せる必要があります。

自分が怒りたくなったとして、あるいは怒る時、その人がどのように怒っていたのかを思い出すのが難しいようであれば、残念ながらその人をロールモデルにするのは難しいです。ロールモデルとは常に自分が真似をしやすい人であり、その人の情報が多いにこしたことはないからです。

そうは言っても１００％でその人がどうしていたかを思い出すことはなかなか難しいでしょう。そんな場合でもできる限り思い出すことができる人を選んで下さい。思い出せる量が多い人を真似る方がいざという時に迷わないからです。

今も過去にもロールモデルになりそうな人がいな

ければ、最後は架空のキャラクターでも構いません。漫画、ドラマ、映画の主人公など、自分がその人の考え方や行動を真似できると思う人であればＯＫです。

こうしたキャラクターの良いところは考え方、セリフ、表情、態度などがいつでもそれを見れば確認できる点です。長編でなければかなり場面は限られてしまいますが、それでもいつでも気になった時に振り返ることができるのはメリットです。

またロールモデルになりえるキャラクターは基本的にはその物語の中で成功をしている人達です。キャラクターになりきることで、例え物語の中であっても擬似的に成功体験ができる点も大きいです。

成功体験はプラスのフィードバックとなり、自分に自信をつけてくれます。もちろんそのまま現実の世界で同じように成功体験をなぞることは約束されていませんが、失敗のイメージを持つよりもはるかにあなたにとってプラスに働きます。

キャラクターをロールモデルにする時はそのキャラクターを生み出した原作者のインタビューなども見つけてみましょう。

キャラクターは原作者が創造したものですが、どのような思いで、設定で創作されたのか聞くことで、より深くそのキャラクターを理解することができます。自分が思いもよらなかった設定がなされていたり、気づかなかった裏設定などを発見することもあります。

キャラクターを選んだら、その写真をいつでも見えるところに置いておき、そのキャラクターが自由に動き回るところを想像してみましょう。あなたのキャラクターへの理解が深まることで、キャラクターが意思をもったかのように自由に動き始めます。そうなれば原作にはなかった場面でもそのキャラクターがどのように考え、動くのかを知ることができ、ロールモデルとしての役割を益々果たすようになるでしょう。

○怒れない負のパターンから抜け出す

あなたが怒れないのは怒れない負のパターンにはまっているからです。一度そのパターンにはまってしまうとそこから抜け出すのは大変です。そのパターンに慣れてしまっているので、その場面になると体が言うことをききません。

私達の日常は多くのワンパターンでできています。Youtubeでは○○の朝のルーチンといった動画が結構アップされ再生回数を稼いでいますが、私達はルーチンと呼ばれる、毎日同じ作業を朝起きてから夜寝るまでの間に繰り返しています。

なぜ毎日同じことを繰り返すのかと言えば、それが楽だからです。私達は日々膨大な量の情報を処理して何かを決めています。ケンブリッジ大学のBarbara Sahakian教授の研究によると人が一日に行う決断は3万5000回とのことです。

また、これは「決断疲れ」として知られていることですが、人は多くの決断をしていると最後は決断することに疲れ、正しい判断ができなくなったり、パフォーマンスの質が落ちると考えられています。

一説によれば私達が1日に受け取る情報量は江戸時代の人の1年分、平安時代の人の一生分とも言われています。平安時代であれば文字を読むこともなければ、企業から商品やサービスの宣伝を受けることもありません。政治に参加することもなければ、社会的な問題を考えることもありません。毎日の天気を見ながら、さて今日は何をしようかと考えることくらいだったかもしれません。

本当は今もそんなに多くのことを考え決めなくても良いのかもしれませんが、社会で生活をしていればそうもいきません。

余談ですが、私は普段は長野県の田舎で暮らしていて、必要な時だけ東京に行きます。日課として散歩をしていますが、長野と東京では同じ距離を歩いた時の疲労感が全く違います。東京の方が平坦な道にも関わらず同じ時間、距離を歩いたとしても圧倒的に疲れるのです。

長野で散歩している時は車も人も少なく、看板などもありません。散歩しながら見ているのは木、空、家くらいで、聞こえるのは鳥の鳴き声と遠くの方で走っている車の音くらいです。ところが東京で歩くと、人も車も多く、街中には看板が溢れ、いろいろな雑音がわんさか入ってきます。

特にこれらのことを意識して見たり聞いたりしようとしているわけではありませんが、自然と目や耳に入ってきます。情報を受け取れば、それに対して何かを判断したり決めたりします。

看板一つを見たとしても、それが自分に関係のあることなのかないことなのか、判断します。車の音が近くで聞こえれば、自分が避けなければいけないのかどうかを考えるといった具合です。

これだけの情報に囲まれて暮らしていたら、いちいち物事を判断し決めることを無意識のうちに避けようとしてもおかしくありません。特に大事なことを決めるのでなければ、同じことを繰り返していた方が圧倒的に楽です。そのため、好むと好まざるとにかかわらず多くのことを何も考えずにできるようにしているのです。

あなたの一日を振り返ってみてください。朝起きてから何をするでしょうか。スマホで時間を確認し、テレビをつけます。テレビは毎朝同じニュースを見ます。特段その番組が好きというわけでなくても、コーナーによって時間が感覚的にわかって便利だからです。

駅までの通勤経路は毎日同じです。毎日わざわざ違う道を通りはしません。通勤電車は同じ時間、同じ車両。リモートワークで通勤は減ったものの、それでもいざ出勤となれば同じ時間、同じ車両に乗ります。

定期があるから路線は一緒でも仕方がないと思いますが、何も同じ車両に乗る必要はないはずです。乗り換えに便利だからという理由でしょうが、それにしてもです。鉄道各社は時差出勤するよう啓発動画を流したり、啓発ポスターなどを掲示しますが、それはそうしなければ人の意識が変わらず、同じことが繰り返されるからです。

会社に行けばルーチンがあり、お昼には何となく決まってものを食べ、仕事が終われば同じ経路で帰宅します。寄り道するにしても行くところは大体決まっています。緊急事態宣言、まん延防止等重点措置下であった時はお店もやっていませんので、行くところはなく真っ直ぐ帰宅します。帰宅してからもシャワーを浴びて、くつろぎ寝るまでの間にすることは基本的には同じです。

よくも飽きずに毎日同じことができるなと思えますが、かといって劇的にこれらを変えようとまでは思いません。良くも悪くも、今のパターンが居心地よくなってしまっているからです。いざそのパターンをやめて変わったことをするぞと思い立ったとしても、その第一歩を踏み出すのは気が重いですし、踏み出せたとしてもやっぱり面倒だからやめたとなるのがおちでしょう。

日常生活のパターンから抜け出すのだって相当に大変です。ましてや怒れない負のパターンをやです。闇雲にパターンから抜け出そうとしてもなかなか上手くいきません。パターンを壊したいなら、そのパターンがどのようになっているのかよく観察することから始めることです。

するとパターンには入り口があることが見つかります。入り口があるのですから、その入り口に入らなければいいわけです。ただいきなり入り口に入らなくできるかと言えば、身に染み付いているパターンですからそう簡単ではありません。けれど少なくとも入りにくくすることはできます。

あなたが怒れないと思う瞬間があります。そう思った時は既に怒れない負のパターンの中にいます。ここで見つけたいのは、怒りづらいなと思う瞬間の少し手前です。そこに負のパターンの入り口があります。

次の図のようなパターンを経験したことがある人もいるのではないでしょうか。

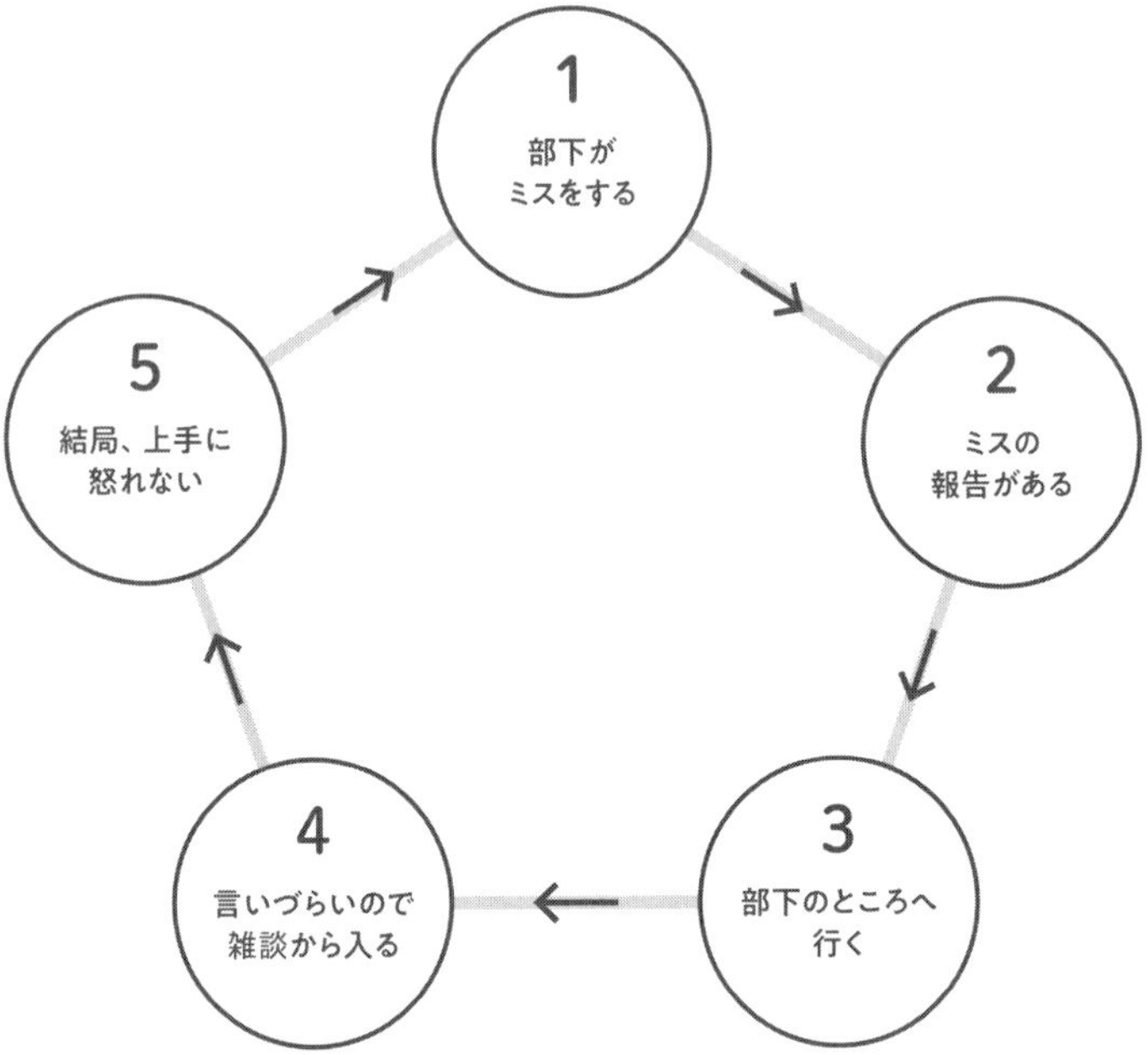

1 部下がミスをする：部下が何かしらのミスをします。

2 ミスの報告がある：本人からなのか、あるいはミスを見た人、ミスで被害を被った人からか、ミスがあったことについて報告があります。

3 部下のところへ行く：これは見過ごしてはいけないミスだと思ったら、注意しなければいけないと部下のところへ行きます。

4 言いづらいので雑談から入る：いきなり怒るのは何となく憚られるので、軽く雑談をしつつ、そう言えばこの前の件だけどといった感じでミスについて触れつつも、それはついでの話題のように話をします。

5 結局、上手に怒れない：部下に気を遣ったり、伝えたいことをまとめきれていなかったりで、結局怒ったのか、怒らなかったのかもわからないくらいの感じで終わります。部下は上司が何を言いたかったのか今一つ理解できないので、また同じミスを繰り返します。

さてこの場合、どこが上手に怒れない負のパターンの入り口になっているでしょうか。順当に考えれば「4．言いづらいので雑談から入る」になりそうです。雑談をせずに最初からストレートにミスについて注意をすればいいだけの話です。

それはその通りなのですが、怒れない人はそれができないから怒れない人なわけです。実はこの場合で言えば、怒れない負のパターンの入り口は「2．ミスの報告がある」です。既にこの時点で負のパターンにはまっています。

ミスの報告を受けている時点で、なぜそんなミスをしたのか、どう怒ればいいのかとこれからのことを考え始めます。

これから部下に注意をしなければいけない、怒らなければいけないと未来に意識が向きます。

上手く怒れるだろうか、怒って嫌われたらどうしよう、嫌な気持ちにさせてしまうのではないか、間違えたらどうしよう、怒っても意味がないのではないか、自分に怒る資格なんてあるだろうか等々といった具合に、今考えなくていいことをあれこれと考えます。

この時点で実はもう怒れなくなっているのです。怒れない人は自分で勝手に余計なことを考えて、誰に頼まれた訳でもなく自分で怒ることのハードルを上げているのです。つまり、部下のところへ行って雑談から始めるのは、その前に自分の中でいきなりその話題を出すのは良くないと結論づけているからです。

ということは、怒れない負のパターンから抜け出すには、ミスの報告を聞いている時は先のことなど考えずに、報告を聞くことだけに集中することです。それができれば雑談でごまかすことなく躊躇わずに怒ることができます。

それまでに十分すぎるほどに心配ごとを考えてしまっていては、その場でいきなり本題に入ることはかなり難しいと言えます。

では次のパターンはどうでしょうか。

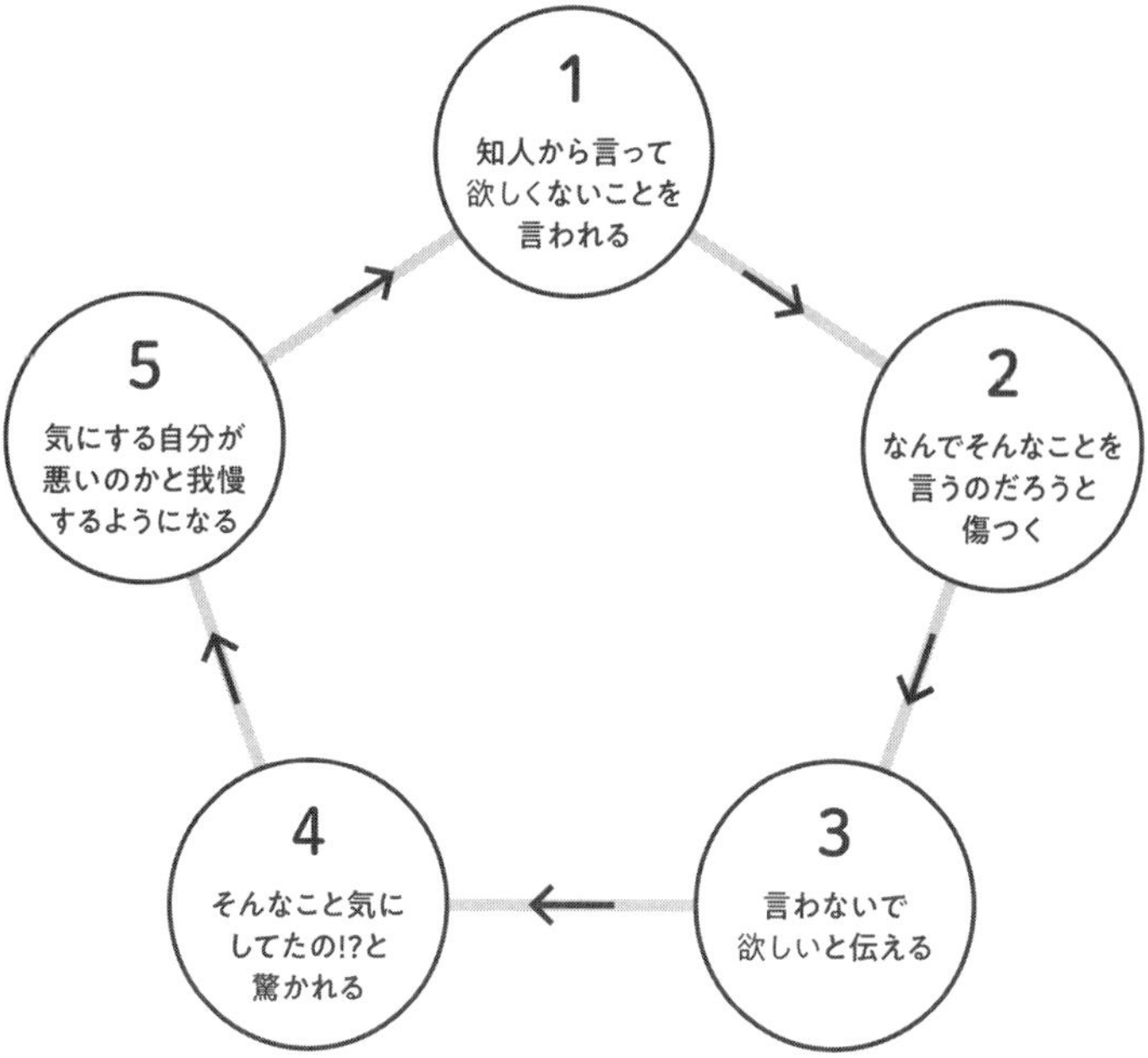

1 知人や友人から言って欲しくないことを言われたり、して欲しくないことをされたりすることがあります。

2 そのことによってなんでそんなことを言うのだろうか、するのだろうかと傷づき、悲しい気持ちになります。

3 相手に思い切って、そんなことは言わないで欲しい、しないで欲しいと精一杯の勇気を振り絞って伝えます。

4 すると相手からは「そんなことを気にしてたの!?」と予想もしない反応が返ってきます。

5 それくらいのことを気にする自分の方がもしかしたら悪いのかもしれないと、我慢するようになります。嫌なことを言われても、されても笑ってごまかす癖がつきます。相手はこちらが傷ついていることを知らないので、また同じことを言ったり、したりしてきます。

このパターンではありったけの勇気を振り絞って、傷つくからそんなことは言わないで欲しいと伝えています。どうにか怒ることはできたのです。けれどそれでも、一度は怒れたにも関わらず、怒れない負のパターンが繰り返されてしまいます。負のパターンの入り口はどこにあるのでしょうか。

入り口は「5．気にする自分が悪いのかと我慢するようになる」です。「3．言わないで欲しいと伝える」の言い方を変えたとしても負のパターンからは抜け出せません。

自己肯定感の低い人は、自分よりも相手の言っていることの方が正しい、自分の方が悪いに決まっていると考える傾向にあります。この思い込みが間違っていることは言うまでもありません。

相手に「言わないで欲しい」「しないで欲しい」と怒ったとしても、自己肯定感が低いままでは、言われる、される関係をずっと続けることになります。相手には「自分の方が悪い」という思いをあなたが持っていることがわかるので、この人には言っても構わない、と判断されるからです。

自分の意見を自信を持って言えるようになることで、この場合であれば負のパターンからは抜けられるのですが、そう簡単に自分の意見に自信なんて持てないと思う人もいるでしょう。

そういう時は誰かに頼ることです。一人で抱え込むのではなく、誰かを頼れば、自分の代わりに言ってもらうことだってできます。人に頼ることは恥ずかしいことではありません。世の中持ちつ持たれつでできています。自分が不得意なことは、自分よりも得意としている人を見つけて任せるのも選択肢の一つです。

あなたが「怒れないという負のパターン」の入り口は、あなたが思ってもみないところに開いていることがあります。

まずは負のパターンにはまっていることを自覚しましょう。その上で入り口を見つけ、そこに入らないようにするための対策を考えることで、怒れるようになります。

4章

怒ることに自信が持てるようになる10の習慣

本章では自信を持って怒れるようになるために、普段から習慣にして欲しい10の習慣を紹介します。全部できなければダメということではなく、できるものから少しずつやってみて、できそうなものを続けるくらいの気持ちでいて下さい。

習慣化するのは何事もハードルが高そうですが、改めて習慣の意味を見てみましょう。「習慣」とはある事柄を繰り返すことによって、その事が安定的に自動的に行われるようになることを指します。

「繰り返して安定的に自動的に続く」とありますが、簡単にはそういう状態にはなりません。でも習慣が身につかないからといって、悲観する必要はありません。習慣とはそう簡単には身につかないものです。気長にコツコツとマイペースで続けることが、結局、習慣化への一番の近道です。

いつになったら習慣になるのか、普通はどれくらいで習慣になるのかを気にする必要は全くありません。それはもう人それぞれで標準はないのです。できないからといって、間違っても自分を責めないでください。

本章で紹介する習慣はどれも自己肯定感を高めるものです。なぜ自己肯定感を高めるものを紹介するかと言えば、第2章でも書いた通り、自己肯定感が高い人は躊躇わずに、そして上手に怒ることができるからです。

一方で自己肯定感の低い人はといえば、上手に怒ることができず、またそもそも怒ることに苦手意識を感じます。なぜなら自己肯定感の低い人は、怒った時に相手をコントロールできなければ負けだと思ったり、自分が正しいと思えないと感じてしまうからです。

自己肯定感が低い人は、他者からの評価を受けることで自分の価値を確認します。自分で自分のことを評価することが苦手です。自分が怒ることで相手が自分の思い通りにならなければ、それは自分の言っていることに価値がない、ひいては自分に価値がないと思ってしまいます。

相手を必要以上に屈服させようと、怒りにまかせたり、大声を出すなどして相手を力づくで言うことをきかせようとします。

当然、こうした怒り方をしていれば相手から反発を受けたりするので、そのことで自分の価値が下がると思い、さらに強く（時には横暴とも言える程の強さで）怒ることで、自分に価値があることを証明しようとし

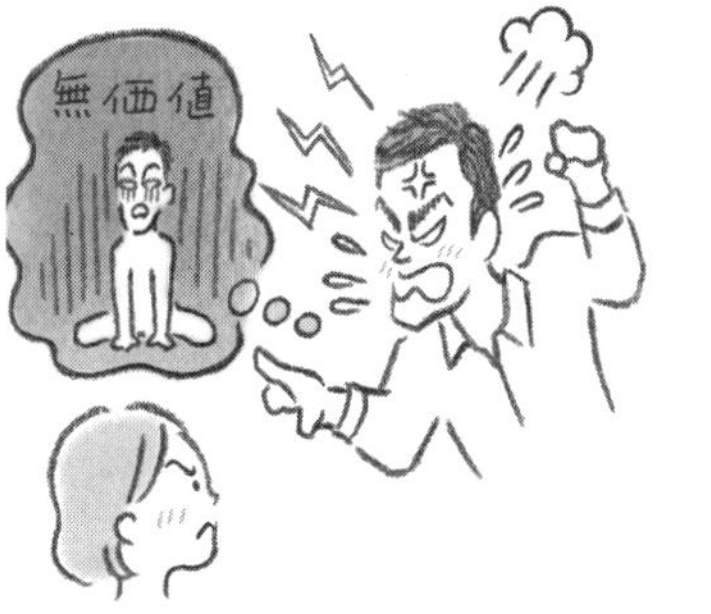

ます。
あなたの周りにいる「怒りで誰かをコントロールしようとしている人」は、実は自己肯定感の低い人です。怒りは自分を守るために存在する感情、とは先に書いた通りですが、自己肯定感の低さは弱さの現れです。弱いからこそ守らなければいけないものが多いので、必要以上に怒ってしまうのです。

弱い犬ほどよく吠えると言います。生物として強ければ自分が攻撃をしなくても、相手を服従させなくても、自分の存在が脅かされるとは思っていません。どんと落ち着いて構えていられます。

自己肯定感を高め上手に怒れるようになっていきたいのですが、自己肯定感は無理に高めるものではありません。自然と高まっていたという方が望ましいものです。なぜなら自己肯定感を高めようとして上手くいかなければ、自己肯定感を下げてしまうからです。それでは本末転倒です。

本章で紹介する習慣は続けることで結果的に自己肯定感が高まります。自己肯定感を高くしなければいけない、高めようと気負わずに取り組んでみて下さい。

○習慣その1
マイナスの感情をなかったことにしない

上手に怒れない人は自分が怒りの感情をはじめとして、その他の不安、辛い、苦しい、悲しい、心配といった一般的にはマイナスと思われる感情から目を背ける傾向があります。自分の感情を直視することが苦手なので、感じたとしてもそれを表現したり誰かに伝えるのが苦手です。

なぜそうしたマイナスな感情を受け止めることが苦手なのかと言えば、そうした感情を感じてはいけない、感じる自分はどこか間違っているのではないか、という思い込みがあるからです。

繰り返しになりますが、気持ちのいい感情もそうでない感情も、私達人に備わっているのには理由があります。全ての感情は自然な感情で、持つことが悪い感情は何一つありません。大事なのはその感情を感じた後で、どう考え行動するかです。

自分が感じた感情を受け入れられないことは、その感情を感じている自分を受け入れられないという自己否定につながります。自己否定をしていれば、自分が怒っても仕方がない、自分なんかが怒る価値はない、どうせ怒っても聞いてくれない、怒っても無駄といったように、怒ることに対して消極的になるばかりか、怒ってはいけないという枷をはめて怒れない負のループに自らはまっていきます。

そこで自分が感じる感情について、特にマイナスと思えるような感情を感じたら書き留めることを始めましょう。

一般的に人が感じたら嫌な感情、マイナスと思うであろう感情を列挙してみます。

怒り、不安、辛い、苦しい、悲しい、怖い、孤独、心配、罪悪感、恥ずかしい、戸惑う、困惑する、切ない、劣等感、軽蔑、後悔、不満、悩む、絶望、虚しい、動揺、煩わしい、痛い、意気消沈、落胆、失望、敗北感、残念等

ここに挙げたものは一部ですが、自分が感じて嫌な気持ちになるものばかりです。この他にもこうした感情を表現するものとして、「ドキドキする」「モヤモヤする」「ヒリヒリする」「しまった」「やってしまった」「まずかった」「うーんと思う」といったものが挙げられます。

人によっては「ドキドキする」という表現を「心配」している時に使う場合もあれば、「後悔」する時に使う人もいます。自分がどのような感情を持った時、あるいは表現を思いついた時に嫌な感じを受けるのか整理してみましょう。

また、それぞれの感情を細分化すればもっと多くの感情を見つけることができます。例えば、怒りだけについて見ても、第2章で紹介したようにかなりの種類、表現があります。

怒る、頭にくる、腹が立つ、イライラする、カリカリする、むっとする、カチンとくる、ふくれる、つむじを曲げる、へそを曲げる、角を出す、むしゃくしゃする、目くじらを立てる、色をなす、腹にすえかねる、プリプリする、怒り心頭に発する、逆鱗に触れる、怒髪天をつく、逆上する、腸が煮えくり返る、激怒、憤怒、憤激、憤怒、激昂、激高、癇癪、立腹、怒気、憤慨、慷慨、憤懣、怨念、反感、痛憤、私憤、公憤、義憤、鬱

憤、怨嗟、怨恨等

こうした感情を感じたら、すぐにその場でメモをして下さい。例えば「友人から事実と違うことを言われて辛い」「上司の発言にモヤモヤした気持ちになった」「今のは良くなかったかなと思った」といった具合です。

メモの方法は何でも構いません。手帳に書いてもいいし、スマホでメモ書きをするのでもOKです。Twitterで鍵アカウントを作ってそこでつぶやいてもいいですし、ショートメッセージを自分宛てに送るのでも良いでしょう。とにかく自分が一番メモしやすい方法がベストです。

メモする時には、なぜ自分がそのような感情を感じているのかは一切考えなくていいです。否定もしなければ肯定もしません。ただ感じたことを書くだけです。書きっぱなしで構いません。後から見直す必要もありません。見直すタイミングはいずれやってきます。今はただ書き留めることに意味があります。これは自分が感じるものから目を

背けたり、なかったことにしないための行為です。

自分が感じることから逃避していると、素直に自分の感じることや考えを表現したり、人に伝えることが難しくなります。

習慣その1のポイント

マイナスの感情をなかったことにしない

- 自分が嫌だ、居心地が悪いと感じる感情を感じたらメモする
- 1日のうちに何回という決まりはない（感じた回数だけ）
- メモの方法は自由、フォーマットは特になし
- その場で書くこと。理由などは一切考えなくて良い
- 後から見直す必要もなければ、振り返る必要もない

○習慣その2
小さな幸せを見逃さない

習慣その1は「マイナスの感情を書き留める」という、気持ち的にはあまり楽ではないものでした。なぜこんな後ろ向きなことをしなければいけないのかと、困惑した人もいるかもしれません。習慣その2は逆に楽しいものにしましょう。習慣その2は「毎日の生活の中から小さな幸せや喜びを見逃さないこと」です。

ただ、この楽しい習慣もはじめのうちは大いに苦戦するでしょう。なぜなら、私達は毎日の生活の中にある小さな幸せに思いの外気づいていないからです。

幸せは「なる」ものでしょうか。それとも「ある」ものを見つけるものでしょうか。私達はどちらかというと幸せには「なる」という言葉を使うことの方が多いのではないでしょうか。

実は「幸せはなるもの」と考えると毎日が苦しくなります。なぜなら、幸せはなるものと考えている限り、今は幸せな状態ではないことが前提になってしまっているからです。今が幸せではないので、これから幸せに「なる」なのです。

幸せは「なる」ものと考えている人は、やはり自己否定、現状否定をしてしまっています。今が幸せでないことを無意識のうちに受け入れているからです。

一方で「幸せはあるもの」と知っている人は、毎日の変わらない日常の中でも幸福感を感じることができ、怒りをはじめとしたマイナスの感情に振り回されることはありません。まわりを見回せば、幸せがそこここにあることを知っているので、安心して生活することができるからです。

幸せといっても大層なものをイメージする必要はありません。朝食の目玉焼きが美味しかったことだって幸せの一つです。「そんなの幸せにならない、好きなものが好きなだけ買えるとか、もう働かなくてよくなることが幸せだ」という人もいるかもしれません。

もちろんそうした幸せを考えることもよいでしょう。しか

しその幸せは「ある」ものではなく「なる」ものになっているのではないでしょうか。少なくとも今は手に入れていません。ここで考える幸せは「既に手に入れたもの」です。もしくはまだ手に入れていなくても考えるだけで幸せを感じることのできるものです。

「なる」幸せのために毎日苦痛を強いられている人も多いかもしれません。最近特に若い人達の間ではＦＩＲＥ（Financial Independence, Retire Early、経済的自立、早期リタイア）を目指すことがブームになりつつあると言われています。

ＦＩＲＥを目指すことは個人の自由ですが、そのＦＩＲＥのために毎日の今の生活が楽しくない、一日も早いＦＩＲＥのために毎日が苦痛の連続というのでは、何のためにＦＩＲＥをゴールとしているのかよくわかりません。

「なる」幸せのために苦労を厭わない、努力せずには何も得られないというのは正論と思える一方で、幸せになる過程が幸せなものでないのなら目指す意味が果たしてそこにあるのだろうかと個人的には疑問を持ちます。

さて、毎日の生活の中にある小さな幸せを見逃さないようにしていきましょう。代わり映えしないと思っている日常の中にもよく目をこらせば、たくさんの「ある」幸せを見つけることができます。

具体的に何をすればいいかと言えば、感じた、或いは思った小さな幸せをメモします。先程の朝食の目玉焼きが美味しかったといったもので十分です。朝カーテンを開けたら気持ちが良かった、通勤途中に気分が良かった、カフェでお気に入りの席に座れた、週末の予定のことを思ったら気持ちが上がった、小さな幸せを思ったよりも見つけることができた等々。

あなたが普段特別幸せとは感じていないものが、実は幸せと呼ぶのに十分であったことを理解して欲しいのです。実際、その小さいと思えるようなことで気分が良くなったり、喜びを感じているのですから。

メモの方法は「習慣その1」と同じように、自分が書き留めやすいベストな方法であれば何でもOKです。書き留める際は特になぜそう感じたのか、思ったのかを分析する必要もありません。あなたがそう感じたのだから、それだけで理由は十分です。

1日にどれくらいメモできればよいかといった基準もありません。多い方がベターであることは間違いないのですが、その人次第です。はじめのうちは1日に3つ程度書けるようになることを、一つの目安にするとよいでしょう。

最初のうちはこんなことを幸せとして書いても良いものだろうか、或いは全然見つからないと思うことが多いかもしれません。これも慣れで、書いているうちにどんどんと書けるようになります。

しばらくすると書きたいことがたくさん見つけられるようになります。すると毎日こんなにもたくさんの幸せに囲まれていたのかと気づきます。はじめは1日に3つ書くのも大変だったのに、気づけば3つでは全然足りないと思える日がやってきます。

たくさんの幸せに囲まれている事実は自分の日常を肯定し、また自己肯定感を高めてくれます。

習慣その2のポイント

小さな幸せを見逃さない

- 小さな幸せをメモする
- 1日のうちに何回という決まりはない（感じた回数だけ）
- メモの方法は自由、フォーマットは特になし
- その場で書くこと、理由などは一切考えなくて良い
- 後から見直す必要もなければ、振り返る必要もない

○習慣その3
小さな成功に気づく

私達の日常には既にたくさんの小さな幸せが「ある」ことに気づくのが「習慣その2」でした。「習慣その3」では私達の毎日が小さな成功が積み重なってできていることに気づくために行います。

毎日特に何かしているわけでもないし、何かに挑戦していることもない。ましてや成功なんて無縁の毎日と思うかもしれません。ただ当たり前の日常を生きていると思っているでしょう。でも実際のところは小さな成功があるから、毎日生活ができているのです。

あなたが毎日何気なくやっていること、例えば朝起きる、

朝食を食べる、通勤、通学をするといったことは「成功している」からできているのです。

当たり前のことを言っているとは思わないで下さい。

当たり前にできると思っていることが当たり前にできない日もあれば、過去にはそれが当たり前ではなかったことだってあるでしょう。

学生の頃は寝坊して遅刻した、しかけたなんて経験は多くの人にあります。社会人になれば寝坊で遅刻なんてそうできることではありません。朝、会社に間に合うように起きられているだけでも、それは成功なのです。朝起きることに成功し、通勤電車に間違いなく乗ることができているから会社に行く「成功」ができているのです。

もしかしたら、たまには寝坊して会社に遅刻しそうになることがあるかもしれません。もしそうであれば尚更、普通に出社できた日は成功と言えます。

小さな成功は先程の小さな幸せと同様に本当にささいなことで構いません。習慣その2で見つけた小さな幸せとの違いは、自分が何か行動をした結果できたことを見つけることです。「朝食の目玉焼きが美味しかった」が小さな幸せであれば、その美味しい目玉焼きを作れたことが小さな成功です。

自己肯定感の低い人は、「こんなことくらい誰でもできるはず」「自分ができるのは特別じゃない」「自分がやっていることはたいしたことない」と自分を卑下します。

いやそれでも毎朝起きることくらいは誰でも苦もなくやっているじゃないかと言われそうですが、そう思っているのはあなただけかもしれません。どうして他の人が苦もなく朝起きていると言い切れるのでしょうか。

「白鳥は水面上では優雅に水面を進んでいるが、水面下では想像もつかないくらいバタバタと足ヒレを動かしている」はとある野球漫画のセリフです。その人が実際のところ簡単にやっているのか、実は苦労してやっているのかなんて周りからはわかりません。

あなたは十分に毎日何かを成功させているし、自分の成功を価値がないものと思うなんてとんでもないことなのです。できている自分を認めてあげましょう。

さて、小さな成功の記録も習慣その1、その2と同じように決まったフォーマットはなく、好きにメモします。1日に書けるだけ書けばよいのですが、最初のうちは不要な謙虚さが勝ってしまいなかなか書けないかもしれません。それでも心配は無用です。書こうとしている内に少しずつ書けるようになります。

習慣その3のポイント

小さな成功に気づく

- 小さな成功をメモする
- 1日のうちに何回という決まりはない
- メモの方法は自由、フォーマットは特になし
- 謙遜、謙虚さは不要

○習慣その4 「ありがとう」をたくさん言う／感謝されることに慣れる

あなたは毎日どれくらいの「ありがとう」を言っているでしょうか。それは意識して言っているものでしょうか、それとも無意識に言っているものでしょうか。

ありがとうを言うことはつまりは感謝の気持ちを伝えることです。あなたはどんな場面で言っているでしょうか。また、どうしたことにはお礼を言う必要があると思い、どの程度のことであれば感謝を伝える必要がないと感じているのでしょうか。

一般的にありがとうを言う機会と言えば、誰かが何かをしてくれた時、お願いを聞いてくれた時、頼んでいないのに何かやってくれた時です。そのことに異存はないでしょう。ところが少しでも条件を変えてみると途端に、果たしてそうなのか怪しくなります。

とても難しい頼み事を嫌な顔一つせず快く引き受けてくれた友人には、心から感謝の気持ちを伝えます。

一方で同じお願いであったとしても散々嫌味を言われ、引き受けることについて恩着せがましく言われた場合はどうでしょうか。同じようにありがとうを素直に言うことができるでしょうか。

両者ともに、難しい頼みごとを聞いてくれたのは相手が心よく引き受けてくれたかどうかが違うだけで、基本的には同じです。でも前者と後者とでは同じようにありがとうを言うにしてもその意味合いは大きく違っていそうです。

コンビニやスーパーの店員さんがレジをしてくれた時はどうでしょうか。あなたはレジでお礼を言うでしょうか。レストランでウェイターが最初にお水を持ってきてくれた際に感謝を伝えるでしょうか。

自宅でご飯を食べる時、食べる前にいただきます、食べた後にごちそうさまを言う人はほとんどでしょう。一方でご飯をつくってくれたことへのお礼を言う人はどれくらいいるでしょうか。

ありがとうを言うのが苦手な人がいます。お礼を言いたくてもシャイ、人見知りだから言えないという理由もあれば、仮に自分がそれくらいのことをしてあげたとして感謝なんてされなくていいと思っている人もいます。

それくらいのことでいちいち感謝しなくていい、お礼を言われる程のことなんてしていないと思っている人は、自分の中では謙遜してのことと思っているかもしれません。ところが、その思い込みがとても傲慢なものであることに気づいていません。

なぜならば、これくらいのことでお礼なんて言わなくていいと思っているということは、翻せばそれくらいのことは感謝することではない、お礼をわざわざ言う必要のない程度のことしかしてないということになるからです。

「いやそれは自分についてそう思っているだけで、相手に対してはそうは思っていない」と反論されるかもしれません。でも実際のところ、そう思っている人は自分がそう思っていることについて、相手に感謝はしていません。自分がされて特に嬉しいとは思っていないので、口からお礼の言葉が出てこないのです。

感謝することに慣れていない人は、感謝されることにも慣れていません。その逆も然りです。感謝されても何で自分なんかに感謝するのか、たいしたこともしていないのにどうしてお礼を言われるのだろうかと怪訝にさえ思います。

自分がすることに価値がある、ありがとうを言われるに値することをしているとは思っていないからです。

　あなたがしていることには、あなたが思っている以上に価値があります。他の人にとってお礼を言うに十分に値することもたくさんあります。他の人がしていることも感謝の気持ちを伝えた方がよいことがたくさんあります。

　私達の日常は感謝することに溢れています。人に会う＝感謝することが起きていると考えてもいいくらいです。

　リモートワークが中心で面と向かって人に会う機会が少なくなったとしても、チャット、メールなどのツールでもありがとうを伝えることはできます。むしろシャイで直接は言いにくいと感じていた人にとっては、大きなチ

ャンスです。口にしなくてもタイプするだけでお礼が伝えられるのです。
これからは毎日、ありがとうをたくさん伝えましょう。自分からありがとうをたくさん言うことで、感謝されることにもいつの間にか慣れます。感謝を素直に受け入れられると自分や自分がすることに価値があることを自覚できるようになります。

習慣その4のポイント

「ありがとう」をたくさん言う／感謝されることに慣れる

- ありがとうをたくさん言う
- ありがとうをたくさん言うことで感謝されることにも慣れる

○習慣その5 承認する／承認されることに慣れる

ＳＮＳが隆盛を極める現在は承認欲求の時代とも言われています。ＳＮＳの発達により、誰もが気軽に「いいね」をもらえることに慣れてしまっているので、いつでもどこでも承認を求めるようになっています。

ここで多くの人の悩みの種になっているのが、人をどう認めてあげればいいのかがわからないことです。これは特に40代以上の人や管理職が抱える悩みの一つとして顕著になっています。

昭和生まれと一括りにするのは少々乱暴ですが、昭和世代は子供の頃から承認されることにあまり慣れていません。褒めて伸ばそうという文化よりも何が悪いかを言われ、怒られて育った世代だからです。

当時は学校で怒られれば、親も怒られる子供の方が悪いといったのが普通で、学校になぜうちの子が怒られるのかと詰め寄るような親の方が稀でした。悪いことをしたから怒られる。怒られる自分が悪いと、自分を責めることが当たり前の日常でした。

ただ、それではいくら何でも子供にとって教育上良くないだろうということで、褒めて伸ばすという文化が教育現場に浸透するようになり、それが家庭にも伝播していきます。そして同様に企業も変わっていくのでした。上司は褒められ承認されることに慣れ、怒られることに慣れていない世代を指導しなければならないのです。

先程、感謝することに慣れていない人は、感謝されることにも慣れていないと書いたばかりですが、承認についても同じことが言えます。承認することに慣れていない人は、承認されることにも慣れてい

ません。その逆も然りで、承認されることに慣れていない人は、相手を承認することに難しさを感じています。

これまで承認されたことがなく、どちらかといえばダメ出しされて育ってきたので、何を承認すればよいのかピンとこないのです。自分ができていることはできて当たり前と思っているので、相手も同じようにできて当たり前、敢えて承認するまでもない、ほめる必要がないと思っています。

ではそんなタイプの人はどうすれば相手を承認できるようになり、また承認されることに慣れるのでしょうか。まずは、そもそも何を承認すればよいのかから、整理しましょう。

承認するものには4つの種類があります。それは、1．結果（できたこと）、2．行動（動けたこと）、3．思考（考えたこと）、4．存在（そこにいること）です。

「結果に対する承認」は、何か行動をし結果を出したことを認めることです。例えば目標を達成した、成果を期待通りにあげた、約束を守った、期日までに終わらせたといった一目瞭然でできたか、できなかったのかがわかります。これは誰にとってもわかりやすいので、最も承認がしやすいものと言えます。

「行動に対する承認」は、結果はともかくとして行動できたこと、行動に移せたことを認めるものです。はじめの一歩を踏み出すのは誰にとってもハードルの高いことです。まだ結果はでていないとしても、動き出せただけでも素晴らしいことなのです。

「思考に対する承認」は、まだ結果も出ていないし行動に移すこともできていないが、少なくとも考えることはできていることを認めることです。考えてから行動に移すまでの時間は人それぞれです。あまり考えずにすぐに手を動かし始める人もいれば、熟慮に熟慮を重ねてから動くタイプの人もいます。

「存在に対する承認」は、ただそこにいることを認めることです。特に何をする訳でもない、何かをしなければいけないということではなく、ただそこにいることを認めることです。

お気づきのように承認は存在、思考、行動、結果の順に難しくなります。逆に人が承認を求めるのは存在、思考、行動、結果の順です。多くの人は一番難しいものを認めて欲しいと思っているのです。

ただ承認し慣れていない人がいきなり相手の存在をあるがままに受け入れようとしても、ハードルが高すぎて嫌になってしまいます。自分だって認めて欲しいと思っているのに、なぜ何もしていない相手を認めなければいけないのかと思います。

まずは承認のしやすい結果から認めるようにします。その結果はとても小さなもの、こんなのわざわざ認める必要もないんじゃないかと思えるようなものからスタートします。その「小さなことを認めること」が「あなた自身を認めること」になります。

習慣その5のポイント

承認する／承認されることに慣れる

- 結果、行動、思考、存在の順に認められるようになる
- 最初は小さな結果を認めることからスタート

○習慣その6
誰かと比べない

私達はいつでもどこでも誰かと何かを比べています。比べたくて比べている人もいれば、比べたくないのに比べさせられている人もいます。なぜ比べることに慣れているかと言えば、自分で自分の価値を評価することに慣れていないからです。子供の頃から誰かや何かと比較されながら育ってきました。

子供の頃は「○○ちゃんを見習いなさい」と親から怒られました。学校に入れば競争が待っていて、勉強でもスポーツでも常に誰かと競いました。ゆとり教育では競争を止めて個性を大事にと謳ったものの、やはり個性を比べて無意識のうちに優劣をつけていた点は否めません。社会に出れば、経済活動をしている企業であれば否応無しに競争をすることになります。

今は手軽に人と比べるためのツールが発達しています。その代表例がＳＮＳです。ＳＮ

Sを見れば友人、知人ばかりでなく世の中のいろいろな人の考え方、行動、現状などを確認することができるので、いとも簡単に比較できます。

ＳＮＳを見れば現在の自分が他の人よりも優れているのか、劣っているのか、現在位置を確認することができます。

自分と同じくらいだと思っていた人があんなに優雅な暮らしをしているのかと嫉妬や焦りを感じてみたり、その程度のことしかできていないのかと優越感を感じたりします。

あなたも無意識のうちに誰かと比べているかもしれません。仮にあなたが誰かと何かを比べているとして、それは優位性を見つけることの方が多いでしょうか、それとも自分の足りないところに気づくことのほうが多いでしょうか。

自己肯定感には相対的自己肯定感と絶対的自己肯定感があります。上手に怒れるようになるために高めたいのは絶対的自己肯定感です。

相対的自己肯定感とは、誰かと比べて頭が良い、足が速い、運動ができる、お金をもっている、立場が上、学歴が勝っている、良い職業に就いているといった「比較の上で自分の方が優位だから自分は優れている」と思うことです。

一方の絶対的自己肯定感は誰と比べるわけでもなく、自分は自分でいい、他の誰かがどうこうではなく「今の自分に十分に価値がある」と思えていることです。

相対的自己肯定感の問題点は、必ず自分よりも上と思える対象が見つかることです。どんなに自分が本当は優れていたとしても、誰かと比べる限り自分よりも上と思える人はいます。極端な例で言えば、日本一のランナーであったとしても世界上位の選手から見たらそれほどでもない、という話です。或いは地元では優秀と思っていてそれなりに自信があったのに、東京の大学にいったら自分よりも優秀だと思える人がごまんといたという経験

は、地方から東京に出てきた人であれば「あるあるな話」ではないでしょうか。

人と比べることで自分の優位性を確認しようとする人は、困ったことに自分よりも上も下も比較の対象を探すのが得意です。いつも比較をしているので、必然的に上も下も両方とも見つけてしまうからです。

相対的なものからつくられた自己肯定感は砂上の楼閣です。どんなに立派に見えてもちょっとしたきっかけで土台から崩れてしまいます。とても脆く、一度崩れると作り直すのがとても大変なものです。

ではどうすれば誰かと比べるのをやめることができるか、です。一番簡単なのはSNSから距離を置くことです。いろいろな研究で明らかになっていますが、SNSで幸福感が高まる人はほとんどいません。

またインターネット広告も見るのをできるだけ止めた方がいいでしょう。なぜなら、広告はいかにあなたが足りないかを訴求してくるからです。今のあなたにはこれが足りないから買った方がいい、今のあなたの年代であればこういうものを持っていて当然、あなたの暮らしをもっとよくするためにはこれが必要といった具合です。

自分が一番大切にしたいことを優先しましょう。その大切にしたいことは本当に自分が大切に心から思っていることなのか、或いは誰かにそう思わされたことなのか見極めないといけないのですが。
まずはここではSNS、インターネット広告と距離を置くことで、誰かと比べることをやめましょう。本当に大切なものの見つけ方は次の習慣で行います。

習慣その6のポイント

誰かと比べない

- 相対的ではなく絶対的な自己肯定感を持つ
- SNS、インターネット広告と距離をおく

○習慣その7
大好きなモノを一つだけ見つける

　自分の身の回りにはお気に入りと言えるものがいくつもあると思います。洋服、時計、アクセサリーなどのファッショングッズ、コーヒー、紅茶のような嗜好品、或いは家具、食器、電化製品のような家にまつわるモノ、コレクターズアイテムと呼ばれる自ら好きで集めているモノ等、私達は実に多くのモノに囲まれて暮らしています。

　実際に手触りを感じられるモノというわけではありませんが、場所、空間、香り、雰囲気、アーティスト、俳優、作家、考え方、生き方といったものまで、お気に入りのモノはあるはずです。

　そのお気に入りのモノはどれくらいあなたにとって「お気に入り」でしょうか。それがないと絶対にダメ、他のモノではどうやっても置き換えがきかないというモノは、どれくらいあるでしょうか。

片付け本、ミニマリスト本などが本棚に数多く並んでいるところを見ると、モノの片付けに困っている人が世の中にはとても多くいることがわかります。モノの捨て方、収納といった内容はテレビ等でも繰り返し特集される大きなテーマです。

なぜこれほどまでに多くの人が、片付けに困るくらいにモノを抱え込んでしまっているかと言えば、それは本当に自分にとって価値あるものが何かがわかっていないからです。

世の中には価値あるものがたくさんあります。企業としては商品やサービスを売りたいので、いかにそれが魅力的であるかをアピールします。消費者としてはその誘惑につい負けてしまうことがあるので（消費者が購入することで経済が回るメリットもありますが）、必要以上にモノを買います。購入した後で、買わなくてもよかったかなと思うことは誰にでもあるでしょう。

自分の価値観に自信があり大切にしている人は、自分の基準で商品やサービスを選びますので、基本的には余計なものは買いません。ところが自分なりの価値基準がはっきりし

ていないと、人から勧められると断りにくいのです。

ここにも自己肯定感の高低が関係します。自己肯定感が低い人は自分の価値判断で選んでいると思っていたはずが、実は誰かから選ばされている現実があることに気づいていません。

自分の価値観で、自分の基準で自信をもって選べるようになっていきましょう。無駄使いもしなくなります。

今はいろいろなお気に入りがあると思いますが、その中でもベストといえるもの、他のものでは絶対に代用のきかないモノを、各ジャンルで一つだけ選びます。例えば、上着で一番好きなモノ、靴で最も愛着があるモノといった具合です。これをあらゆるジャンルで考えてみます。選ぶモノ以外は極端な話、今すぐに捨てなければいけないくらいの前提で考え

てみましょう。

ここで注意して欲しいことは、自分にとってあまり頓着がないモノであっても、絶対に譲れない最上級のお気に入りを一つ見つけることです。

例えば、Tシャツにはあまりこだわりがないし、まあそれなりに気に入っていればどれでも一緒と思う人がいたとします。こうした場合でも最高に気に入るTシャツ、そのTシャツ以外は少なくとも向こう1年は着ないと思えるくらいのモノを、考えて見つけ出して欲しいのです。

逆に自分がとてもこだわりのある分野があるとして、その分野ではどうしても一つに絞れない場合もあるでしょう。

例えば、食器にとてもこだわりがあり苦労していろいろな作家の作品を集めていたとします。どれも自分にとっては収集の努力の結果とも言えるモノです。いくつも手に入れにくいものがありました。その中から一つを選ぶなんて到底できないと思います。そんな場合でも一つしか選んではいけません。あなたにとって唯一無二の存在を、考え抜いて決めるのです。

この作業は本当に自分にとって価値あるモノは何か、他の人から簡単に影響されない価値観を身につけるための練習です。多くのモノを大切にするのも良いことですが、絶対に譲れない一番を見つけられるようになると、自分なりの価値基準をはっきりとさせることができ、自分一人で立つことができるようになります。

習慣その7のポイント

大好きなモノを一つだけ見つける

- 各ジャンルで最上級のお気に入りのモノを一つだけ選ぶ
- 自分なりの譲れない価値観、誰かに影響されない価値観を身につける

○習慣その8 付き合う人を選ぶ

付き合う人を選ぶなんて、何を当たり前のことを言っているのかと思われるかもしれません。付き合いたい人とだけ付き合うのは普通のようにも思えます。わざわざ好きでもない人と付き合いたいと思う人はいないでしょう。しかし現実の社会では、なかなかそうはいかないものです。

例えば、全然付き合いたくない人とも仕事だから付き合わなければいけない、子供のママ友だから付き合わなければいけない、社交辞令的に付き合っている間柄の人がいる、大して仲良くはないけれどたまに連絡をとりあう人がいる、大勢で集まる時に同じ場にはいるけど個人的には繋がりたくないと思っている人がいる等々。中には今働いている会社の誰とも付き合いたくないけど、仕方がなく会社に行っているという人もいるでしょう。

そう思うのに、なぜあなたはそうした人達と付き合っているのでしょうか。そうは言われても社会活動をする中ではある程度は仕方がないことだからと言う人は、そう自分に言い聞かせて我慢をしているのではないでしょうか。

あなたが付き合う人を選ばなければいけないのは、その付き合う人によってあなたの価値が変わるからです。あなたが付き合う人が、あなたの価値を上げるわけではありません。だから、あなたの付き合う人がいい人か悪い人か、社会的に成功しているとかいないとか、人気者かどうかといったことは全く関係ありません。あなたが付き合いたいと思ってその人と付き合っているかどうかが、最も大切なのです。

あなたが自分で選んだ人と付き合っていない限り、自分はどうしてこんな人と付き合わなければいけないのか、自分はなんて周りに恵まれていないのかと嘆いたり、社会を恨めしく思う気持ちを拭いきれません。自分で選んでいることなのですが、世を恨んだり、自分を責めたりするのです。

あなたが社会的に付き合わなければいけないと思ってい

る人と、付き合わなければいけない理由はどこにもありません。あなたはその人と付き合わないことで大きな問題が起きると信じていると思いますが、実際のところ本当にそうでしょうか。

その人と付き合わないことでどのような問題が起きるのでしょうか。何となくまずそうな気がするというくらいで、何がどう具体的に問題になるのか明確には言えないのではないでしょうか。

もし大して付き合いたくない人と付き合っているのであれば、そこには人から嫌われたくない、誰にでも良い顔をしたい、皆から好かれたいという気持ちが隠れています。わざわざ自分から嫌われるようなことはしない、と言いたくなる気持ちもわかります。ただ付き合いをやめることと嫌われることは全く別の話です。付き合いをやめたら嫌われると思っているのであれば、それは根拠のない思い込みです。SNS時代では特に、友達の数が多い方が偉い、価値があるといった、意味があるとは思えない思い込みが蔓延しています。

「習慣その7」のポイントは、各ジャンルで一番大好きなモノを見つけることでした。これは付き合う人にも同じことが言えます。付き合う人について言えば一番だけじゃなくてもよいのですが、少なくとも積極的に付き合いたいと思う人だけと付き合うようにします。

　手始めにやることは、積極的に付き合いたいとは思わない人を連絡先から削除することです。実際の付き合いを断つことはなかなかできなくても、連絡先を削除するくらいのことはできるでしょう。

　それでも難しいと思うようであれば、この半年連絡をとらなかった人は無条件に全部削除することです。その人達を連絡先から削除しても困ることはないでしょう。万が一どうしても連絡をとらなければいけないことがあったとしても、どうにか連絡先を見つけられるはずです。

　連絡先から削除することでもう連絡がとれなくなる人は、逆に言えばそれくらいの関係でしかない人です。本当に大事な人であれば、幾通りもの方法で連絡をとることができます。

　大して付き合いたくもない人との付き合いを続けることは、自分の価値を下げることにしかなりません。

習慣その8のポイント

付き合う人を選ぶ

- 付き合う人を選ぶ
- 誰かと付き合わなければいけない義務はない
- 付き合わなくていい人を連絡先から消す

○習慣その9　マイナスをプラスに言い換える

何でも前向きにとらえて、ポジティブシンキングになろうということではありません。ポジティブに考えることで自己肯定感を上げられると思っている人は、闇雲に何でもポジティブに考えようとしてしまいます。

ところがいくらポジティブに捉えようとしても、心の底ではそんなことはない、そんな風に考えたって良いことはないと、考え始める時点で実は既にネガティブに物事を見ています。

地に足のつかないポジティブシンキングは意味がないどころか、自分が理想の状態から遠く離れている現実を残酷に自分に理解させるだけで、下手をすればマイナスにしかなりません。

マイナスな状態のものをプラスに捉え直すことや、プラスに言い換えたり、別の視点で見られるようになることは、自分の視野を広げ、自分が気づかなかった価値を見つけたり、再確認することに役立ちます。

「マイナスをプラスに言い換える」とは、無理やりポジティブに考えようということではなく、「いろいろな視点から物事を見直すこと」を意味しています。

多面的な視点から物事を捉えられるようになることで、価値がある／ないのようにゼロイチで判断するのではなく、物事には様々な価値があることに気づけるようになります。様々な価値があることが理解できれば、何か一つの面だけを見て自分には価値がないと思うようなことはなくなります。では、どうすれば多面的な視点で物事を見ることができるか、です。

そのためには、普段から物事を見る時、考える際に自分目線、相手目線、第三者目線の3つの目線を意識してみましょう。こうすれば少なくとも3つの視点から物事を考えることができます。

例えば、あなたはマスクをして通勤しています。二重マスクをした方がいいと世の中で言っている人がいることはなんとなくは知っていましたが、自分としては1枚のマスクで十分だろうと考えていました。するとある日、職場であまり付き合いのない人からいきななりマスクは二重にするのが常識でしょと言われました。まさか自分がそんなことを職場で、しかもあまりよくは知らない人からいきなり言われるとは思っていなかったので、めんくらったと同時に、何をいきなり言うんだと怒りを感じました。

あなたはこの理不尽さに怒りしか感じていませんが、ここで3つの視点で物事を見る練習をしてみましょう。

まずあなたの視点です。あなたの視点は「マスクは1枚でもしていれば十分」という考えです。相手目線と言えば「マスクは二重にしなければ意味がない」です。あなたは全くその考えには同意はしませんが、相手目線で見ればそういうことなのでしょう。

そして第三者目線です。第三者目線は一つの視点でということではなく、いく通りも考えられます。例えば、どちらでもいいじゃないかという視点、お互いにそんなことを主張するべきではないという視点、不織布マスクでなければ意味がないという視点、自分が気の済むようにしたらいいという視点等々。

どの視点から見たものが正解ということではなく、単純に色々な視点から見られるようになると、今見ているものの姿をだいぶ違って受け取れることを実感して欲しいのです。

こうして様々な視点から見られるようになると、一見するとマイナスにしか思えないようなことでもプラスの視点を探し出すことができるようになり、マイナスなものをプラスなものとして捉えることが簡単になります。

実はこれは多様性を自然に受け入れられるようになるための習慣でもあるのです。多様性を受け入れられる人は、様々な価値観（仮にそれが自分とは違うと思ったとしても）を受け入れることができます。

なぜ自分と違う価値観までも受け入れられるのかと言えば、それは自分が大切にしている価値観は揺るがないことを知っているからです。だから自分と違う価値観があっても脅威を感じません。

怒りは防衛感情ですから、自分が大切にしているものが危ない目にあいそうであると感じれば怒りを持って守ろうとします。自分の価値観、自分に自信がない人は常に周りには脅威があると感じています。だから怒りを生む機会が多いのです。

習慣その9のポイント

マイナスをプラスに言い換える

- 自分目線、相手目線、第三者目線で見る癖をつける
- 多様性を受け入れられる人は自分の価値観や自分を大切にできている証拠

○習慣その10 今目の前のことだけに集中する

色々なものが私達の自信を喪失させます。誰かからの評価によって自信を失うこともあれば、頼まれたわけでもないのに勝手に自分で自信を無くすこともあります。

例えば努力していたのに実らなかった、誰かと比べて自分の方が劣っていると感じた、良かれと思ってしたことがかえって迷惑になっていたと感じてしまった等、自信を失うことはよくあります。

その時の気持ちは自分がダメになってしまうかもしれないという不安、何かを失ってしまうことの喪失感、嫌になってしまい自暴自棄になり、これ以上やっても意味がないという無力感といったものが挙げられます。

こうした気持ちは大きくなればなる程、自分が取るに足らない弱い存在であることを意識させます。自分を小さくしてしまうような、こうした気持ちにならずに済むにはどうすればよいのでしょうか。

こうしたマイナス感情を持たない、大きくさせないために最も良いのは、今目の前のことだけに集中することです。過去、未来、別の場所のことを考えれば考える程、こうした気持ちはどんどん大きくなります。大きくなるだけではなく、いつの間にか自分をさらに追い込むような余計な脚色が加わってしまうのです。

例えば、あなたが仕事上で小さなミスをしたとします。そのミスは本当に些細なものでケアレスミスではあったのですが、上司からきつく咎められました。気を取り直しミスの修正に入るのですが、あなたの意識は未来に飛んでいます。

「また同じミスをしたらどうしよう」「また上司にきつく叱責されてしまうかもしれない」「このこ

とで自分の評価が下がってしまわないだろうか」「もしかしたら役に立たないと烙印を押されてしまうかもしれない」等。

そして同時に過去のことも考えています。「どうしてこんなミスをしてしまったのだろうか」「あの時に雑談をしていて気がそぞろだったからじゃないだろうか」「なぜダブルチェックをしなかったのだろうか」「確認しなかった自分を責めたい」「あの時に時間を巻き戻したい」等々、一度考え始めてしまうと止まりません。これらのことは全て今目の前で起きていることではなく別の場所のことです。

過去を考えれば、自分のしたことをより悪い方に解釈し始めます。未来を考えればまだ起こってもいないことについて心配をします。素晴らしい想像力の持ち主とも言えるのですが、そんなことを考えても何の役にも立ちませんし、目の前の仕事に集中しなければ同じミスをしてしまいかねません。このように考える癖のある人は、考えなくていいことに思いを馳せ、わざわざ自ら自信を失うことをしています。

ではどうすれば過去、未来、別の場所のことを考えずに、今目の前のことに集中できるようになるかです。

もしあなたが過去や未来など、今目の前のこと以外に意識が向いてしまいそうになったら、目の前にある物を手に取りましょう。手に取るものはスマホでもコーヒーカップでもペンでも、さっと手にできる物であれば何でも構いません。

そしてその物に意識を向けて観察します。例えば手触りはどうでしょうか。ザラザラしている、角ばっている、触り心地が良いといったこと。色、温度、形、大きさ、長さ、重さ等々をじっくりと観察をします。

こうして実際に手元にある物を観察することで、今目の前に意識を留め置くことができます。これが目をつぶって今のことだけを考えようとしても、あるいはどこかをぼーっと見つめながら意識を集中しようとしても、頭の中ではぐるぐるといろいろなことを考えてしまいます。

観察する時間は、過去や未来などから意識が逸れるまでです。観察しているうちに、目の前の物だけを見ていることに気づく瞬間がやってきます。最初から上手くはできないかもしれません。これも練習することで上達しますので、焦らずに気長にトライしてみて下さい。

手元に何も観察する物がなければ、足の裏に意識を向けて下さい。歩きながら足の裏が今どのように地面に着き離れているのかを感じてみて下さい。こうすることでも今この場所に意識を留め置き、過去や未来、余計なことを考えずに済みます。

習慣その10のポイント

今目の前のことだけに集中する

- 過去、未来、別の場所を考えるとマイナス感情を大きくしやすい
- 手元にある物を観察して意識を今に向ける
- 足の裏に意識を向けて歩く

5章

怒れない人のためのケーススタディ

Q **打たれ弱い部下がいます。軽く注意しただけでも見るからにふてくされます。そんなことを繰り返されているので怒るのが面倒になってしまいました。彼女にはどう怒ればよいのでしょうか。**

A **彼女が打たれ弱いことはあなたの責任ではありません。怒る必要のあることを正しく怒っている分には全く問題ありません。**

仕事をしていればミスを再発させないために、或いは育成のために等注意しなければいけないこと、怒らなければいけないことは必ずでてきます。できれば注意も怒ることもしたくない気持ちはわかります。

その一方で一切注意もしない、怒ることもしないようではマネジメントする立場としての評価を問われます。

あなたが怒る必要のあることについて本書で紹介したような正しい怒り方ができている、つまり相手を責めることなく、今どうして欲しい、これからどうして欲しいとリクエストとして伝えられているのであれば何も問題ありません。

彼女が打たれ弱いことは彼女自身の問題であり、あなたの問題ではありません。あなたの問題ではないので、本当の意味であなたが解決することはできません。

彼女の打たれ弱さは、彼女が自分の課題として取り組まなければいけないものです。彼女は自分で自分の感情の責任をとることができないので、その不機嫌さを周りにアピールすることで、いわば間接的に周りを責めています。その未熟さにあなたや職場の他の人が振り回される必要はありません。

実はこの状況はあなたにとっても勇気のいることです。なぜならあなたは人間関係を良好なものにしておきたいと考えているからです。良好な人間関係はお互いに成長した一人の大人同士だから築けるものです。どちらかが片方に甘えたり、依存するような関係は良好な人間関係とは言えません。

彼女と健全な人間関係を望むのであれば、彼女が成長できるよう支援しましょう。そのためには自分の感情に向き合い、周りに自分の感情の責任を押し付けないように彼女に伝えることが解決につながります。

Q 前職の上司に酷い扱いを受けたのに、怒ることができませんでした。その時のことが今でもトラウマになっています。仕返しをしたいとも思うのですが……。

A 最高の復讐はあなたが健やかに生きることです。

怒りに囚われてしまっていると苦しくて仕方がありません。楽しいことがあったとしても、ふと何かのきっかけでそのことを思い出すとふつふつと怒りがまた込み上げてきます。忘れようと努力をするのですが、なかなか忘れることができません。

さて、あなたは今このような状態です。とても幸せな状態とは言えないでしょう。過去は過去です。既に終わったことをいくら考えたとしても、何も変わりません。変わらないどころか、その過去を脚色しさらに強く怒る対象へと自分から変えてしまいます。

あなたにはこの言葉を贈ります。

"Living well is the best revenge"（健やかに生きることが最高の復讐）

これは17世紀のイギリスの詩人、ジョージ・ハーバートが紹介した言葉として知られています。実は私にとっても座右の銘と言えるものです。嫌なことがある度にこの言葉を思い出し、自分に言い聞かせています。

仮にその上司が不幸な目にあったとしても、あなたが幸せになるとは限りません。むしろ他人の不幸を願うようなことをしている人のところに、穏やかで心満たされる幸せはやってこないでしょう。

あなたがしなければいけないことは、他の人の人生、それも自分が嫌いな人の人生を考えることではありません。自分の幸せのために自分の人生に集中することです。

思い出したくもないと言いながら、前職の上司のためにどれだけのあなたの貴重な時間を使っているのでしょうか。今後の人生でその人とは1秒も付き合いたいとは思っていないはずです。であれば考えるのを止めることです。あなたの人生にその人を入れる余地を作るのは本当に無意味です。

Q 単純に怒ることが面倒くさいです。それでも怒らないとダメですか？

A 関わる必要のないことなら構いません。むしろその方がよいです。ただあなたの人生にはあなたが関わらなければいけないことがたくさんあります。

怒りは大切なものを守るための防衛感情です。大切なものが危ない目にあいそうになったら、怒りをもってそれを守ろうとします。つまり怒りとは自分の大切にしている何かに危害が加えられそうになった時に発動されるものです。

あなたに大切にしているものが何もなければ、あなたが怒ることはありません。でも余程の自暴自棄にでもなっていない限り、大切なものがないということはありません。少なくともあなたの命は大切なはずです。

怒るのが面倒だと物事を放っておいたら、それこそ周りから好き放題にされ、自分の人生を自分の意思をもって生きることなどできません。誰かに言われるがままの奴隷でいたいなんてあなたは思っていないでしょう。

世の中には関わる必要のないことに腹を立てている人達がたくさんいます。自分の人生には全く関係のない芸能人のゴシップを見ては怒っているような人達です。

今、怒りは手軽なエンターテイメントとして消費されているところがあります。みんな怒りたくないと言いながらも、わざわざ自分から頭にくるようなニュースを見に行っては怒っています。そして次から次へと怒れる対象を見つけては、その都度怒り、忘れていきます。まったく建設的ではありませんし、大切な時間とエネルギーを浪費しているだけの行為と言えます。

怒るのが面倒であれば、こうしたムダに怒ることをしていないのはとても良い点と言えます。

一方で怒ることを面倒だと言うことは、自分が何を大切にしているのか、しなければいけないのかを考えることも面倒だということと同じ意味になってしまいます。

あなたが考えなければいけないことは本当に自分にとって大切なものは何か、大切にしなければいけないことはどういうことかです。

怒ることが面倒と思うことがダメとは言いません。ただそれが自分の人生を放棄することになる自覚は持った方が良いでしょう。

Q 怒りを感じたとしても、悲しさが先にきてしまい怒ることができません。そんな時はどう怒ればいいのでしょうか。

A それがあなたの怒りの表現方法です。その悲しさを伝えればＯＫです。

怒りをどう表現するかは人それぞれです。激情的に顔を真っ赤にして怒る人、怒った時程丁寧な言葉づかいになる人、何も言わずに立ち去る人、一日中イライラしている人、怒るのは一瞬ですぐに忘れる人、長い間怒りを引きずる人、突然思い出し怒りをする人、人に当たり散らす人、自分の中に溜め込んで人には言わない人、モノに当たる人等々、本当に怒り方は人それぞれです。

怒りの感情の裏には悲しい、不安、辛い、苦しい、怖い、孤独、罪悪感、無力感、うちひしがれているといったマイナスの感情が隠れています。これらのマイナス感情は怒りの火種を大きくするいわばガスの役割です。そして普段知らず知らずのうちに自分の中に溜め込んでいます。

あなたは毎回必ず怒りを感じる度に悲しさがくるわけではないと思いますが、悲しさが込み上げてくる機会が多いのだと思います。それは普段から悲しいという気持ちを溜め込んでしまっている可能性が高いです。

そしていざ怒りを感じた時、怒りの炎よりも、ガスがゴォーっと音を立てている方が耳に入ってくるので、怒っていたとしても、悲しさの方に意識が向きます。結果、怒りよりも悲しさを感じます。

そう感じることに特に問題はありません。後はそう感じた悲しさをリクエストとともに伝えればOKです。例えば「そう言われるなんて悲しい。次からはこう言ってくれたら嬉しい」といった具合です。

怒りを伝えるのに大声や怒号は必要ありません。怒りの裏に隠れている感情を静かにあらわしても十分に怒りは伝えられます。

ところで、なかには怒りすぎると可笑しくなって笑い出す人もいます。本当に人の怒りの表現方法はいろいろです。

Q その時、その場で怒った方がいいと思いつつも、その場で考えをまとめることができません。どうすればその場で怒れるようになりますか？

A 無理に考えないことです。少なくとも納得していないことだけを伝えましょう。

怒ろうとすればするほど思考停止してしまう人はいます。これはある意味怒りの反応としては正しいものです。怒りは大切なものを守るためにある感情ですが、大切なものを守ろうとした時、じっくりと考えている時間がない場合があるからです。

動物が天敵を目の前にして、どうすればこの状況を切り抜けられるかじっくり考えるよりも、反射的に闘うか、逃げるかをした方が生存確率は高くなります。そこにあるのは考えるよりもまず動けです。

怒ることはリクエストを伝えることですから、その場で本書で紹介した4つの視点（いつまでに、何を、どのように、どうして欲しい）でリクエストが伝えられるに越したことはありません。ただ、その場で考えがまとまらない人は考えれば考える程、焦って余計に考えがまとまらなくなります。

　そこでは無理に考える必要はありません。無理矢理ひねり出したリクエストは、本当に望むものにはならない可能性が高いからです。

　ではその場ではどうすればいいかと言えば、少なくとも納得をしていないこと、違和感を感じていることは伝えましょう。相手から何をどうそう思うのか具体的に言って欲しいと言われたら、今は考えがまとまらないので、できるだけ早く考えをまとめて伝えることだけを約束します。

　ここで何も言わずに立ち去ってしまうと禍根を残します。約束をすることで一旦はこの場を終わりにします。その後はできる限り早く考えをまとめましょう。まとめるものはリクエストです。

　時間が経てば経つほど、相手にとっては過去のことになります。また、約束が守られていないという思いを持たれてしまいます。どれくらいの時間でまとめればいいのか正解はありません。ただ、できればその日のうちに相手と改めて話したいところです。

　その日の問題はできればその日に片付けてしまった方がお互いに精神衛生上望ましいからです。

Q 怒りを感じたとしても寝ればすぐに忘れます。だから怒りません。それで良いのでしょうか。

A 良くありません。理由は2つあります。

怒れない人の中には怒りを感じてもすぐに忘れるから、まあ敢えて怒らなくていいかと思っている人が少なからずいます。

これは良いことではありません。百歩譲って本当に怒りを忘れられて、その後何の影響もないのであれば構わないと言えなくもないのですが。

理由の1つ目は、あなたが怒らないことで、あなたの大切なものが危ない目にあう機会を残すことになるからです。

少なくともその時に怒りを感じたということは、そこで何か大切なものが侵害された可能性があります。侵害されているにもかかわらず、明日には忘れるからいいやと放っておくことは、また同じように侵害されることがある可能性を残すことになります。なぜなら相手はあなたが同じことをしても許してくれると思うからです。

理由の2つ目は、怒りを忘れているのではなく、押し殺している、或いは目を背けてい

る可能性があるからです。

怒れない人はいろいろな理由をつけて怒らなくて済むように考えます。どうせ怒れないなら、怒れない理由があった方が自分として納得ができるからです。その理由として一番に挙げられるのは、自分はもう怒っていないと思い込むことです。怒りを感じていないのですから、怒る必要は全くないという訳です。

こうしたことを繰り返していると自分の感情に鈍感になっていきます。怒りを感じたとしても、それを怒りとは思わなくなるのです。

本当に怒りを感じていないなら良いのですが、それは怒りたくないがために編み出した言い訳になっている可能性があります。それは怒りを自分の中に溜め込むことになり、自分の中に溜め込むことは自分への攻撃になります。自分で自分を攻撃し続ければ心身ともに健康でいることは難しいです。

自分の感情から目を背けていないのか改めて考えてみましょう。どんな感情を感じたとしても、それは人として自然なことです。

Q 会社でパワハラの被害にあっています。報復が怖くて怒れないのですが、どうすれば良いでしょうか。

A 一人で抱え込まずに相談窓口に行くことです。

あなたが受けているものがパワハラであるならばすぐに相談窓口に行きましょう。自社内に設置してあるところもありますが、自社内になければ会社のある労働局、労働基準監督署に相談窓口があります。

相談する時にはパワハラが起きた事実関係を整理しやすいようにハラスメントだと感じたことが起こった日時、どこで起こったのか、どのようなことを言われたのか、強要されたのか、誰に言われたのか、その時誰が見ていたかなどを持っていくことが、厚生労働省の「明るい職場応援団のＷＥＢサイト」内で説明されています。

パワハラに対抗するためにはパワハラについてある程度の知識を持つことが必要です。例えば、パワハラには6類型があります。自分が受けているものはこの6類型のどれに該

当するのか等、知識があれば見当がつきます。

きつく怒られるくらいではパワハラとみなされないこともありますので、相談するにしても注意が必要です。

パワハラは企業として社会として容認して良いものではありません。２０２０年6月にはいわゆるパワハラ規制法が施行されました。大企業はパワハラ対策の措置義務が講じられ、中小企業も２０２２年4月から対象となります。

どんな企業であってもパワハラ対策をしなければなりません。もしあなたの働いている会社がパワハラ対策を十分にしないようであれば、それは法令遵守意識の極めて低い企業です。そのような姿勢の企業に未来はないでしょう。

パワハラを受けているのであれば適切に闘うことも必要です。その一方で自分の大切な人生の一部をそんな企業で過ごすことのバカバカしさも考えなければいけません。

決して泣き寝入りすることではありません。ただ、パワハラを告発したとしても、今後も改善が見込めないような企業であれば、自分から見切りをつける勇気も持ちましょう。

そこで働き続けることはあなたにとって何もプラスになりません。

Q 正直、能力が高いとは言えずミスも多い後輩がいます。本人は悪気もなくいたって真面目です。そんな態度を見ていると、まあ真面目だし怒らなくてもいいのかなと思ってしまいます。やはり怒った方がいいのでしょうか。

A もちろんです。怒らないことはあなたの不利益につながります。

態度が真面目で悪気がない相手を見ていると、仕方がないと許したくなる気持ちはわかります。けれどその状態のまま放っておくことは、あなたのためにならない、あなたが損をすることにつながります。

怒らずに放っておくことは、確認が必要な状態をいつまでも繰り返すことになります。任せたはずの仕事のダブルチェックほど仕事の無駄や負担を感じることはありません。その仕事のやり方だと、結局は任せたことになっていないどころか、後で確認をし直さなければいけない分、あなたの負担が重くなります。場合によっては、最初からやり直さな

ければいけないこともあり、では最初から自分でやった方が早かった、というのはよくあることです。

あなたの利益のために、たとえ後輩に悪気がなかったとしても後輩を怒ることが必要なのです。

人に仕事を任せることは自分の仕事の負担を軽くします。人に仕事を任せることで、どれだけ他の仕事（あなたがもっとやらなければいけない仕事）に時間と労力をかけることができるでしょうか。

怒らないことは本来ならばあなたがしなくてもいい尻拭いを、ずっとし続けることになることを理解しましょう。

後輩を怒り、ミスを減らさせることで、本当に自分が取り組みたい仕事に集中することができ、成果を上げることができます。任せた仕事の再確認は手間と時間がかかり、ミスを怒ることには心理的負担もあるかもしれませんが、それでもそれは他でもないあなたのために必要なことです。

また、人に仕事を任せられず後輩指導ができないことは、いつまでたってもプレーヤーのままであることを意味します。これはマネジメントを担う人としての適性を問われるということを付け加えておきます。

Q 強引な同僚からいつも面倒くさい役割を私にばかり押し付けられます。舐められていると感じています。断りたいし、怒りたいのですが気が弱く怒れません。どうすれば怒れるようになるでしょうか。

A 気が弱いから断れないのではありません。あなたが断れないのは自分が我慢すればいいとどこかで思っているからです。その意識が変われば怒れます。

気が弱い人が何事にもＮＯと言えないわけではありません。あなたが道を歩いていたとして、何か勧誘されたら全部にＹＥＳと言うわけではないですよね。もしそうであればあなたの部屋は今頃、買う必要のなかった健康食品などで溢れかえっているはずです。

気が弱くても断れるものは断れます。自分の生活に大きな影響のないものであればこれまでにも断ってきたと思います。

一方で断れないのは、自分が我慢すれば波風を立てなくて済むと思った時ではないでしょうか。怒れない人にはそこで揉め事を起こすくらいなら

自分が我慢することで丸く収まった方がいいと自己犠牲の精神が働きます。

自己犠牲は尊い精神ですが、この場合決して美徳にはなりません。なぜならあなたが我慢することで職場の問題に日が当たることを妨げることになっているからです。

面倒くさい役割を一方的にあなたに押し付ける同僚がいるということは、その職場では労働が公平に行われていないということです。それは職場として健全ではありません。健全でない職場では生産性が上がらないことは想像に難くありません。

つまり、あなたが自己犠牲の精神で物事を丸く収めたつもりでも、問題を先送りにしているだけです。根本的に何かが解決されることにはなりません。自分のためではなく、職場全体のためと考えれば、自己犠牲精神のあるあなたは怒りやすくなるでしょう。

相談内容で一つ気になるのは「いつも」「ばかり」という言葉が入っている点です。「いつも」「ばかり」は本来100％という意味ですが、おそらく多くの場合という意味で使っているのではないでしょうか。

これらは決めつけ言葉なのですが、事実を歪んで受け取る時に使ってしまいがちです。事実を正確に見ることができないと、どうしても悪意をそこに介入させてしまいます。事実は何か正確に捉えられるようにもなりましょう。

Q 普段からの人間関係を良くしておくことが、怒る時に大事と聞きました。会社の人間と別に仲良くしたいと思っていません。仕事で仕方なく付き合っているだけです。そんな関係でも上手に怒れるようにするにはどうすればいいでしょうか。

A 同僚と友達になる必要はありません。

昭和の頃、会社は家族と考える風潮もありました。今、そんな風に思っている人はあまりいないでしょう。会社の同僚と友達になる必要は全くありません。人によって居心地の良い距離感は違いますので、自分の距離感で付き合えばよいのですが、わざわざ同僚に好きではないですと言う必要もありません。

尊敬している、信頼関係のある人から怒られれば、素直に言うことを聞こうという気にもなりますが、この人からは怒られたくないと思っている人に怒られたら、「何を言ってるんだ?」「お前から言われる筋合いはない」と反発心さえ持ちます。

ただ、多くの人が勘違いをしていることがあります。それは普段、人間関係ができてい

るからこそ本音で怒ることができるということです。

人間関係のできていない人に怒るのは、公共の場でマナー違反を怒るのと同じです。ほとんどの場合トラブルになります。怒られる側からすれば、なんでお前に怒られなければいけないのかと思うからです。

人間関係ができていない人なのだから怒った後で嫌われても平気と思っているかもしれません。人間関係が良くないということは相手のことをよく知らないということです。よく知らないので、怒った時にどのような反応がかえってくるのか想像がつかないため、トラブルになりやすいのです。

あなたが怒ることが得意でないならば、普段から周りの人と良好な人間関係をつくっておくことが大切です。良好な人間関係はあなたが怒るハードルを下げてくれます。

良好といっても仲良くするということではなく、誠実に正直に付き合っていればいいだけの話です。そうすれば自然と望ましい関係を築くことができます。

Q 嫌われるのが怖くて怒れません。どうすれば怒れるようになるでしょうか。

A 嫌われた道を選んだ方が楽です。

嫌われたくないという気持ちはわかります。誰だって嫌われたくはありません。その根底にあるのは、人から好かれた方が良いことがあるはずという思い込みです。人から好かれることで人間関係が良くなり生きやすくなるはずと考えているのです。

そもそも私達は人から好かれなさいと言われるものの、人から嫌われなさいとは言われません。そう教えられているので、人からは嫌われてはいけないものという頑固な思い込みをしています。

ところが、人から好かれることでより良い人生を送れるはずが、嫌われないように努力をすることで息苦しく、困りごとの多い人生になっています。実際、怒りたいけれど嫌われたくないと悩んでいます。

人から嫌われずに生きることは、誰からも良い評価をもらおうとすることです。誰から

も良い評価をもらうことはなかなか現実的ではないので、どうしても八方美人的な人になります。確かに八方美人な人は人から強く嫌われることはありませんが、一方で人から評価されることもありません。言い方は悪いですが、毒にも薬にもならない人にしかならないのです。

その大して良くない評価しか得られない割には、皆に好かれようとするために思いの外努力が必要です。これでは人から好かれたら良いことがあるという前提が崩れていますす。全然楽ではないですし、良いこともありません。

わざわざ嫌われる努力をすることはありませんが、一定の人から嫌われるくらいの方が案外楽です。一定の人から嫌われると、不思議なもので一定の人から好かれます。特に誰かから好かれようとしなくても自然と好かれるのです。

『嫌われる勇気　自己啓発の源流「アドラー」の教え』（岸見一郎／古賀史健　ダイヤモンド社）がベストセラーになりましたが、多くの人にとって嫌われてもいい人生を選ぶことは魅力的に感じられるのでしょう。それは実はその方が楽になることを何となく知っているからです。あなたも嫌われる楽な道を選んでください。それがあなたが怒れるようになる道です。

Q リモートワークになり、会議が全てオンラインになりました。個別に話す機会が少なくなり、部下にどう怒ればいいのかわからなくなりました。

A オンラインであっても怒り方の原則は一緒です。一対一でリクエストを明確にです。

リモートワークになってから、部下が日常的に見えなくなったことで多くの管理職が悩んでいます。同じ場にいればすぐに声をかけることができたり、ちょっとした雑談の中で状況を知ることができたり、軽く注意をすることもできます。

ところがリモートワークになると気軽に話しかけることができません。話をするとなると、時間を決めてオンライン会議と改まった形にどうしてもなってしまいます。オンライン会議では雑談をしにくい雰囲気があり、お互いに要件だけを伝えて会議を終えます。

オンライン会議で部下を怒るにしても部下の反応、空気感のようなものが掴めないので怒りにくいと感じている人が多いのです。けれどオンラインであっても怒り方の原則は一緒です。一対一でリクエストを明確に伝えます。

オンラインでの怒り方として通常の場合と違うのは、怒った後のフォローです。平時であれば部下のその後を見ることができますが、リモートワークになってしまうと怒られた部下がその後どうしているのかが見えません。

ではどうすればフォローができるかと言えば、まずは怒る時にできる限りそこで完結させることです。完結させるとは、部下にリクエストを伝え、部下がそのリクエストを理解できているか、これからどう行動していくのかそのファーストステップまでをその場でお互いに確認することです。

もしくは1時間後に改めてオンライン会議の時間をつくり、そこで今回の怒った内容について確認をします。あなたからは部下がリクエストを正しく理解できているかどうか、部下からは怒られた件について疑問などがないか等です。

リモートワークでは、怒った側も怒られた側もその場を離れてからモヤモヤすることがよくあります。そのモヤモヤをクリアにする時間を設けることで、感情的なしこりを残さずに済みます。

Q 私は口が立つ方ではありません。夫は口が立ち夫婦喧嘩になると一方的に言われて何も言えなく、言い負かされてしまうことがよくあります。どうすればその場で怒ることができるでしょうか。

A 夫婦喧嘩のルールを決めることです。

私はこういう夫婦には筆談喧嘩をお勧めしています。筆談喧嘩では文字通り言いたいことをお互いに文字に書いて見せ合います。

筆談喧嘩のメリットは、紙に書くことで考えを整理することができる、感情的になってまくし立てるようなことがない、お互いの考えるペースを尊重できるといったことが挙げられます。筆談喧嘩は次の要領で行います。

- 書くものはペン、ノートともに一つずつ。お互いがそれを使います。
- 交互にそのペンとノートで伝えたいことを書きます。一度に書いてよい文字数は多く

ても100字以内とします。

●相手が書いている時は絶対に待たなければいけません。その間、声を発することも席を外すことも禁止です。

ペンとノートを一つずつにするのは、お互いに待つ時間を作るためです。相手が考え、書いている間、こちらも書くことを整理しながら待ちます。

一度に書いて良い文字数に決まりはないのですが、多くても100字以内程度が妥当です。ちなみにTwitterの文字数は140字です。

相手が書いている間、席を外すことも、しゃべることも禁止です。ペン、ノートが相手にある間、それは相手の時間を尊重しますという姿勢になるからです。

どちらかが一方的にしゃべってしまうような関係でなくとも、筆談喧嘩はお互いの考えを丁寧に伝えるのに良い方法なのでぜひ試してみて下さい。

もしパートナーがそんなルールは作りたくないと言ったら、そのパートナーと良い関係を続けていくのは、とても難しい可能性があります。本当に一緒にいなければいけないのか改めて考えることをお勧めします。

Q パートナーとの価値観の違いにいい加減疲れ、怒るのを諦めてしまっています。

A 価値観は最初から違います。

パートナーと別れる時の一番の理由は価値観の不一致です。私から言わせれば、価値観は最初から一致していませんでした。その不一致を補って余りあるほど相手のことを好きだったから、価値観の不一致には目を瞑っていたというのが本当の姿でしょう。

価値観は合わせるものではなく違いを受け入れるものです。二人して同じ価値観になろうというのは実はかなり乱暴な話です。

国でも会社でもそこにいる人に上と同じ価値観になれというところがあれば、独裁と眉をひそめますし、そんなことは言われたくありません。それは家庭であっても同じことのはずです。

あなたがパートナーに求めているのは価値観を自分と同じにして欲しいということでし

ょうか。それとも価値観は変わらなくとも行動を変えてもらえれば受け入れられるものでしょうか。

私達には変えられるものと変えられないものがあります。人の性格、人格のようなものを変えるのは容易いことではありません。自分の好みに性格や人格を変えさせることは横暴なことで勧められるようなものではありません。価値観もそれに近い部分があります。

一方で、相手の行動を変えてもらうのは十分に可能です。例えば、家事についての価値観は全く違うままだとしても、お互いに協力して家事を分担することはできます。

考え方が違うのに、そんなことをしていたらストレスをお互いに感じることになるのではないかと思われるかもしれませんが、共同生活をする上で全くのストレスフリーになることを目指す方が、ストレスを大きくする可能性だってあります。家事についてお互いの価値観を合わせようと喧嘩を繰り返していたら、それはどれだけのストレスになるでしょうか。

どの程度の価値観の違いで怒ることを諦めているのかわかりませんが、あなたにとって絶対に譲れないものであれば怒った方がよく、場合によってはパートナーシップの解消だってあるでしょう。一方でそこまでもないものであれば怒る必要はありません。

安藤俊介　Shunsuke Ando

一般社団法人日本アンガーマネジメント協会代表理事。アンガーマネジメントコンサルタント。怒りの感情と上手に付き合うための心理トレーニング「アンガーマネジメント」の日本の第一人者。アンガーマネジメントの理論、技術をアメリカから導入し、教育現場から企業まで幅広く講演、企業研修、セミナー、コーチングなどを行っている。ナショナルアンガーマネジメント協会では15名しか選ばれていない最高ランクのトレーニングプロフェッショナルにアジア人としてただ一人選ばれている。主な著書に『アンガーマネジメント入門』（朝日新聞出版）、『私は正しい　その正義感が怒りにつながる』『怒れる老人　あなたにもある老害因子』（産業編集センター）等がある。著作はアメリカ、中国、台湾、韓国、タイ、ベトナムでも翻訳され累計65万部を超える。

なぜ私《わたし》は怒《おこ》れないのだろう

2021年11月15日　第一刷発行

著者　安藤俊介
イラスト　oyasmur（カバー）、つだかおり（本文）
ブックデザイン　三上祥子（Vaa）
編集　福永恵子（産業編集センター）

発行　株式会社産業編集センター
〒112-0011　東京都文京区千石４-39-17
Tel　03-5395-6133
Fax 03-5395-5320

印刷・製本　株式会社シナノパブリッシングプレス

ISBN978-4-86311-316-9 C0030